Wildkräuter & Wildfrüchte
für die Küche

W0025067

Was Sie in diesem Buch finden

Einführung 6

Wildpflanzen sammeln – Mode oder mehr? 8
Alltagsnahrung, Kultspeise, Delikatesse 8
Die Pflanzenteile und ihre kulinarische Verwendung 10
Die Sammelpraxis 10
Wildkräuter und Wildfrüchte aus dem Garten 15

Erklärung der Fachbegriffe 17
Spross 17 | Blatt 18 | Blüte 20
Frucht 21

Pflanzenporträts 22

Bäume und Sträucher 25
Berberitze 25 | Rotbuche 26 | Gewöhnliche Hasel 28 | Hundsrose 30 | Himbeere 32 | Echte Brombeere 33 | Wilder Apfel 35 | Eberesche 36 | Eingriffeliger Weißdorn 38 | Gewöhnliche Traubenkirsche 40 | Schlehdorn 41 | Vogelkirsche 43 | Sanddorn 44 | Kornelkirsche 45 | Preiselbeere 47 | Heidelbeere 48 | Schwarzer Holunder 50

Kräuter – Ackerland, Siedlungen 52
Große Brennnessel 52 | Gänsefingerkraut 54 | Gewöhnliche Nachtkerze 55
Pastinak 56 | Gewöhnliches Hirtentäschelkraut 58 | Wilde Malve 59 | Vogelmiere 60 | Taubenkropf 61 | Weißer Gänsefuß 62
Guter Heinrich 63 | Gundermann 64
Weiße Taubnessel 65 | Franzosenkraut 67
Echter Beifuß 68 | Huflattich 69 | Große Klette 71 | Gewöhnliche Eselsdistel 72
Gewöhnliche Wegwarte 73

Kräuter – Grasland 75
Großer Wiesenknopf 75 | Gewöhnlicher Frauenmantel 76 | Wiesenklee 77 | Wiesenbärenklau 78 | Wilde Möhre 80 | Wiesenschaumkraut 81 | Duftende Schlüsselblume 83 | Großer Sauerampfer 84
Wiesenknöterich 86 | Spitzwegerich 87
Kleine Brunelle 88 | Gänseblümchen 89

Gewöhnliche Schafgarbe 91 | Wiesenbocksbart 92 | Gewöhnlicher Löwenzahn 94

Kräuter – Feuchtgebiete 96

Echtes Barbarakraut 96 | Echte Brunnenkresse 97 | Gewöhnlicher Beinwell 98 | Kohlkratzdistel 100 | Bachbunge 101

Kräuter – Gehölze 102

Scharbockskraut 102 | Walderdbeere 103 | Waldsauerklee 105 | Giersch 106 | Märzveilchen 107 | Knoblauchsrauke 108 | Waldmeister 109 | Echtes Lungenkraut 111 | Gewöhnlicher Dost 112 | Bärlauch 114

Rezeptteil 116

Wildpflanzen in der Küche 118

Trocknen 119
Wildfrüchte verarbeiten 119
Aroma und Geschmack 120

Wildsalat und Vorspeisen 121

Wildkräuter-Suppen 125

Hauptgerichte und Beilagen 127

Nachspeisen 134

Kuchen und Torten mit Wildfrüchten 137

Säfte und Sirup 138

Gelee, Konfitüre, Mus aus Wildfrüchten 141

Haustees und andere Getränke 144

Wildkräuteressig und Öl 147

Würziges und Dekoratives aus Wildpflanzen 148

Sammelkalender 150

Literatur 154

Stichwortverzeichnis 155

Einführung

Über viele Jahrtausende bildeten in der Natur gesammelte Wildpflanzen und deren Teile die Hauptnahrung der Menschen. Auf den folgenden Einführungsseiten erfahren Sie, warum gesundheitsbewusste Genießer heutzutage wieder Wildpflanzen sammeln und in der Küche verwenden, welch große Bedeutung die kulinarische Nutzung von Wildkräutern und Wildfrüchten in früheren Zeiten hatte, was Sie beim Sammeln beachten sollten, und auch, dass naturnahe Gärten so manche wohlschmeckenden »wilden« Schätze beherbergen. Wichtige Fachbegriffe, die für genaues Beschreiben und Erkennen der Wildpflanzen nötig sind, werden in Wort und Bild erläutert.

Wildpflanzen sammeln – Mode oder mehr?

Der Bärlauch, noch vor einiger Zeit ein kaum bekanntes Kraut, ist in den letzten Jahren zu einer Art Kultpflanze und zum Symbol einer kreativen Freizeitbeschäftigung geworden. Einst als Tätigkeit für Kräuterweiblein und arme Leute betrachtet oder bestenfalls als interessantes Kuriosum bewertet, ist heute das Sammeln von Wildkräutern und Wildfrüchten für die Küche bei gesundheitsbewussten Genießern beliebt – und das aus guten Gründen:

- Wildpflanzen haben oft mehr Aroma und Geschmack als Obst und Gemüse aus dem Handel, die nicht selten lange Transportwege hinter sich haben. Allerdings ist der Wildpflanzengeschmack in manchen Fällen zunächst gewöhnungsbedürftig.
- Wildpflanzen enthalten im Vergleich mit heimischem oder importiertem Obst und Gemüse oft ein Mehr an Proteinen, Vitaminen, Mineralstoffen und den in jüngerer Zeit als besonders gesundheitsfördernd erkannten sekundären Pflanzenstoffen. Nicht zufällig sind viele der als Wildgemüse und Wildobst verwendbaren Pflanzen auch Heilpflanzen wie etwa Brennnessel und Holunder, Huflattich und Hundsrose, Löwenzahn und Spitzwegerich.
- Wildpflanzen sind nicht mit Schädlingsbekämpfungsmitteln und Mineraldünger behandelt, auch nicht mit wachstums- oder reifungsfördernden Stoffen.
- Beim Kräuter- und Früchtesammeln gelangt der Mensch in eine lebendige Beziehung zu den Wildpflanzen, denn er muss sich mit ihrer Gestalt, ihren Wuchsorten und Besonderheiten vertraut machen. Wer auf der Suche nach bestimmten Pflanzen die heimatliche Umgebung durchstreift, hat wohltuende Bewegung im Freien und kann zudem interessante Naturbeobachtungen machen.
- Die kulinarische Beschäftigung mit Wildpflanzen lässt den Wert der Nahrung stärker erfühlen, das Leben der Vorfahren besser verstehen und bringt durch Schauen und Tasten, Riechen und Schmecken sinnliche Erlebnisse.

Alltagsnahrung, Kultspeise, Delikatesse

Der Mensch hat die längste Zeit seiner Geschichte als Jäger und Sammler gelebt, nämlich in der gesamten Alt- und Mittelsteinzeit, einem Zeitraum, der in Mitteleuropa vor mindestens 400 000 Jahren begonnen und erst um 5000 v. Chr. geendet hat. Die Männer einer Gemeinschaft gingen auf die Jagd, während Frauen und Kinder Pflanzenteile sammelten und damit den größten Teil der täglichen Mahlzeiten bestritten. Auch später, als die Menschen sesshaft geworden waren und Ackerbau und Viehzucht betrieben, bestand noch immer ein Teil der Nahrung aus Wildpflanzen. So werden in den medizinisch-botanischen Schriften der Antike nicht nur die Heilwirkungen von Wildpflanzen ausführlich beschrieben, sondern vielfach auch ihr Nahrungsaspekt.

Dass noch im frühen Mittelalter und im Hochmittelalter ein Großteil der Nahrung aus Sammelpflanzen bestand, zeigen archäologische Funde. Ganz selbstverständlich behandelt die Benediktineräbtissin Hildegard von Bingen (1098–1179) in ihren heil- und naturkundlichen Abhandlungen die Wildpflanzen in ihrer doppelten Eigenschaft als Heil- und Nahrungspflanzen, etwa wenn sie über die Gundelrebe schreibt, dass ein Mensch, dem die Kräfte fehlen, die Pflanze gekocht in Mus, Suppe, mit Fleisch oder Küchlein essen solle. Ähnlich gehen auch die Autoren der Kräuterbücher der frühen Neuzeit vom Nahrungs- und Genusswert vieler Wildpflanzen aus. So bemerkt beispielsweise Hieronymus Bock (1498–1554) zu den Schlehen »... würt mehr lusts halben/ dann sonst zu artznei gebraucht.« Manche Volksnamen – beispielsweise »Himmelsbrot« für Pflanzen wie Wiesenklee, Sauerampfer, Sauerklee, Wiesenbocksbart und Mittlerer Wegerich – deuten auf den früher üblichen Genuss mancher Wildpflanzen hin, die nach und nach als Nahrungspflanzen in Vergessenheit gerieten und nur noch von Kindern oder armen Leuten verspeist wurden.

Bis in die Mitte des 20. Jahrhunderts schätzten Kinder den aus Taubnesselblüten gesaugten Nektar oder die als »Kas« verspeisten Früchte von Wilder Malve und Wegmalve. Ein 1817 erschienenes »Noth- und Hülfsbüchlein für Arme« empfiehlt als Mehlersatz oder als »Nothbrode« geeignete Wildpflanzenteile wie beispielsweise Rotkleeblüten, Eicheln, Que-

Gundermann – eine altehrwürdige Heil- und Wildgemüsepflanze. Kräuterbuch des Adamus Lonicerus (Ausgabe 1679).

cken-, Wiesenknöterich- und Knabenkrautwurzeln. Auch bürgerliche Kochbücher des 19. Jahrhunderts enthalten noch Rezepte zu Brunnenkresse, Hopfen, Sauerampfer, Veilchen und Waldmeister, zu Hagebutten und Schlehen. Man findet darin manchmal auch Brennnessel, Gundermann, Löwenzahn und Wegerich, die mancherorts noch immer zu der einst als Kultspeise genossenen Gründonnerstagssuppe, die Gesundheit fürs Jahr bringen sollte, verwendet wurden.

Zu Beginn des 20. Jahrhunderts spielten dann hier zu Lande, jedenfalls in bürgerlichen Küchen, die Wildpflanzen keine Rolle mehr, während sie etwa in England und Frankreich weiterhin geschätzt waren. In der Not der Kriegs-

und Nachkriegsjahre hat man sich auch bei uns jeweils für einige Zeit wieder auf die Wildpflanzennahrung besonnen, sich dann aber stets rasch wieder von dieser Kost der Notzeit abgewendet.

Angeregt durch die in den 70er-Jahren des vorigen Jahrhunderts in Frankreich entstandene, »Nouvelle Cuisine« genannte neue Art des Kochens, für die vor allem Frische und Eigengeschmack der Zutaten sowie gesundes Genießen wichtig wurden, fiel der Blick schließlich doch wieder auf die Wildpflanzen, und ihre Verwendung in der Gourmetküche wurde neu entdeckt. Inzwischen sind namhafte Feinschmeckerlokale und Köche stolz auf ihre Kreationen aus heimischen Sammelpflanzen.

Die Pflanzenteile und ihre kulinarische Verwendung

Das Wildpflanzen-Sammeljahr beginnt im Vorfrühling und endet mit den ersten Frösten; in milden und frostfreien Perioden kann auch im Winter manches gesammelt werden. Mit dem Jahreslauf wechseln die Sammelschwerpunkte. Von Februar bis Mai sammelt man insbesondere das erste junge Grün – Blätter, Sprosse – und verwendet die um diese Zeit noch zarten und saftigen Pflanzenteile für Salate und Gemüse. Im Frühsommer und bis in den Hochsommer hinein gibt es zudem essbare und dekorative Blüten. Vom Hochsommer bis zum Spätherbst reifen allerlei Wildfrüchte und schließlich, wenn die Pflanzen ihre Kraft unter die Erde zurückgezogen

Kulinarische Verwendung von Wildpflanzenteilen

Verwendung	Pflanzenteile
Gemüse, Salat	Blätter, Sprosse, Blüten, Wurzeln
Obst	Früchte
Gewürz	Blätter, Sprosse, Blüten, Früchte, Wurzeln
Haustee	Blätter, Blüten, Früchte

haben, kann man die Wurzeln mancher häufig vorkommender Arten graben und als Salat oder Gemüse zubereiten.

Wildpflanzen spenden aber nicht nur Salat, Gemüse und Obst, sondern auch Gewürze und Haustee. Zum Würzen und Aromatisieren werden alle Pflanzenteile verwendet, beispielsweise von der Brennnessel die frischen oder getrockneten Blätter, vom Scharbockskraut die Blütenknospen, vom Märzveilchen die Blüten, von der Himbeere die Früchte und von der Wilden Möhre die Wurzel. So genannte Haustees aus getrockneten Blättern, Blüten oder Früchten verschiedener Pflanzen sind wohlschmeckende und je nach Bedarf erfrischende oder wärmende Getränke (siehe Seite 144).

Die Sammelpraxis

Wildpflanzen sammeln ist keine Hexerei, aber man sollte im eigenen Interesse sowie aus Rücksicht auf andere Menschen und die Natur einige Regeln beachten.

Sicher erkannte Pflanzen sammeln

Wenn man unsicher ist, ob man wirklich die gesuchte Pflanze vor sich hat, sollte man besser auf das Sammeln verzichten. Im günstigen Fall hat man eine wenig schmackhafte oder ungenießbare Pflanze nach Hause getragen, im ungünstigen ein mehr oder weniger stark giftiges Kraut oder giftige Früchte, deren Verzehr höchst unangenehme oder sogar lebensgefährliche Folgen haben kann. Dieses Buch will helfen, solchen Verwechslungen vorzubeugen. In den Porträts werden auffällige Merkmale der Pflanzengestalt sowie ausgeprägter Duft und Geschmack benannt. Geschmackstests sollte man stets nur mit kleinen Mengen und bei sicher ungiftigen

Geeignete Sammel- und Transportbehälter verhindern, dass die empfindlichen Wildpflanzenteile zerdrückt werden.

Um die Bestände zu schonen, nimmt man vom Bärlauch je Pflanze nur ein Blatt.

Pflanzen durchführen. Die Hinweise auf typische Standorte sowie auf giftige Pflanzen, mit denen die genannte nutzbare Art verwechselt werden kann, tragen ebenfalls zum Erkennen bei.

Nicht selten empfiehlt es sich aber, eine Pflanze zunächst im Jahreslauf zu beobachten, die Blüten und Früchte abzuwarten und erst im nächsten Jahr zu sammeln. Dies gilt insbesondere, wenn man Pflanzenteile wie etwa junge Rosettenblätter, Sprosse oder Wurzeln von noch nicht voll entwickelten Pflanzen sammeln will. Auch die Konsultation erfahrener Sammler kann in Zweifelsfällen sinnvoll sein, ebenso die Teilnahme an geführten Kräuterwanderungen, die etwa manche Verbände anbieten.

Auch bei sicher identifizierten Pflanzen sind meist nur bestimmte Teile genießbar oder ungiftig. In Porträts und Sammelkalender sind jeweils die wichtigsten Pflanzenteile angeführt. Schließlich: Praktisch sämtliche Pflanzen können, bei entsprechend veranlagten Personen, allergische Reaktionen oder Überempfindlichkeitsreaktionen hervorrufen. Wer solche Reaktionen bei sich bemerkt, muss die entsprechende Pflanze meiden. Überhaupt sollte man Teile einer Wildpflanzenart nicht in zu großen Mengen oder zu häufig verzehren. Dies gilt in besonderem Maße für die Zeit der Schwangerschaft und die Stillzeit, wobei auf den Genuss mancher Pflanzen in dieser Zeit ganz verzichtet werden sollte.

Saubere und unbelastete Pflanzen sammeln

Verantwortungsbewusste Sammler lassen selbstverständlich welke, fleckige, schmutzige oder von Schädlingen befallene Pflanzen oder Pflanzenteile stehen, denn sie müssten zu Hause weggeworfen werden; in der Natur können sie dagegen weiterhin Funktionen erfüllen. Es gibt aber auch weitgehend unsichtbare Belastungen wie Abgase, Unkraut- und Insektenvernichtungsmittel, Düngemittel aus organischen und anorganischen Bestandteilen, Hundekot und -urin. Um zu verhindern, dass man solche unerwünschten »Zutaten« mit nach Hause bringt, sollte man nicht in der Nähe stark befahrener Straßen, an häufig benutzten Wegen, an Bahndämmen, in Industriegebieten und auf Fabrikgelände sammeln, ebenso wenig an Äckern und Wiesen, die frisch gedüngt oder mit Pestiziden behandelt wurden. Im Wald wird im Allgemeinen nicht flächig gespritzt. In einzelnen von bestimmten Schädlingen betroffenen Regionen kann es jedoch zum Einsatz von Pflanzenschutzmitteln kommen. Im Zweifelsfall sollte man beim Waldbesitzer oder beim Forstbetrieb nachfragen. Gelagerte Nadelhölzer sind meist gegen Borkenkäferbefall behandelt und deshalb ist beim Sammeln Abstand zu halten. Pflanzen aus Gewässern wie Brunnenkresse oder Bachbunge sollte man nur sammeln, wenn man sicher ist, dass keine Abwässer oder sonstige Verunreinigungen in das betreffende Gewässer fließen.

Infektionen vermeiden

Viehweiden und Gewässer am Rand von diesen sollte man meiden, denn sie können mit Larvenstadien des Großen Leberegels verseucht sein. Nimmt der Mensch diese mit Pflanzen wie Sauerampfer oder Brunnenkresse auf, können sie sich in den Gallengängen zur Geschlechtsreife entwickeln und Krankheit verursachen.
Nicht nur im Wald können Pflanzenteile mit den Eiern des Kleinen Fuchsbandwurms *(Echinococcus multilocularis)* verunreinigt sein. Der nur 4 mm lange Schmarotzer lebt im Darm mancher Rotfüchse und anderer Mäusevertilger (Katzen, Hunde). Mit dem Kot werden die mit bloßem Auge nicht sichtbaren Eier ausgeschieden. In der Leber von Mäusen und anderen als Zwischenwirt dienenden Nagetieren wachsen die Larven heran. Auch der Mensch kann in Ausnahmefällen zum Zwischenwirt werden. Bis erste Symptome auftreten, können 10 Jahre vergehen, und dann ist es möglicherweise für eine Heilung bereits zu spät. Da gründliches Waschen der Pflanzenteile nicht sicher schützt, sollte man bodennah Wachsendes nur dann frisch verzehren, wenn wie im eigenen Garten ein Befall mit Eiern des Kleinen Fuchsbandwurms ausgeschlossen oder höchst unwahrscheinlich ist. Die Eier überstehen Frost unbeschadet, sterben aber ab, wenn sie auf mindestens 60 °C erhitzt werden. Auch Trocknen (bei 25 °C und 25% relativer Luftfeuchtigkeit) tötet die Eier innerhalb weniger Tage.
Den Körper bedeckende Kleidung, insbesondere Socken und Stiefel, sowie manche Duftstoffe schützen (begrenzt) vor Zeckenstichen. Zecken können die eher seltene Frühsommermeningoencephalitis übertragen, für die es einen Impfschutz gibt, und die ziemlich häufig auftretende Lyme-Borreliose, deren frühzeitige Behandlung mit Antibiotika weitere Schäden verhindert.

Natur schützen

Alle wild wachsenden Pflanzen sind gesetzlich geschützt. Man darf sie nicht missbräuchlich aus der Natur entnehmen, aber für den Verzehr ihre Teile in ortsüblichem Umfang sammeln. Daneben gibt es auch Pflanzen, die besonderen oder strengen gesetzlichen Schutz genießen. Diese Pflanzen darf man nicht abschneiden und nicht ausgraben, auch keine Blätter, Blüten oder Früchte entfernen. Mit Ausnahme der Schlüsselblume werden in den Porträts keine in der Bundesrepublik Deutschland besonders oder streng geschützten Pflanzenarten vorgestellt. Da für Österreich und die Schweiz teilweise andere Schutzbestimmungen gelten, sollte man sich gegebenenfalls bei den dortigen Behörden informieren. In Naturschutzgebieten ist jedes Sammeln grundsätzlich verboten.

In allen 3 Ländern geben Rote Listen Auskunft, welche Pflanzen regional oder überregional gefährdet sind. Wenn in den Porträts dieses Buches die Verbreitung einer Art als »zerstreut« oder »selten« angegeben ist, sollte man nur wenig von dieser Pflanze sammeln oder ganz aufs Sammeln verzichten, zumindest wenn sie auch im Sammelgebiet selten ist. Im Zweifelsfall kann man sich bei den Bundes- oder Landesregierungen informieren. Gerade bei gesetzlich besonders oder streng geschützten sowie bei gefährdeten Pflanzenarten bietet sich eine Kultur im Garten an.

Um Natur und Pflanzen zu schonen, sollte man unbedingt:

- Nur Pflanzen sammeln, die an ihrem Standort in größeren Mengen vorkommen, dabei stets genügend Nahrung für die Wildtiere übrig lassen.
- Stets möglichst so sammeln, dass die Pflanze weiterleben kann, also behutsam nur einzelne Sprosse, Blätter oder Blüten pflücken. Wenn man die Wurzel, die Zwiebel oder das Rhizom ausgräbt, stirbt die Pflanze im Allgemeinen, daher sollte man dies nur ausnahmsweise und nur bei überall und sehr häufig vorkommenden Pflanzenarten tun.
- Beim Sammeln keine anderen Pflanzen und keine Tiere zertreten.
- Stets nur so viel pflücken wie man daheim auch verwerten kann.

Im Zweifelsfall sind die Grundstückseigentümer zu fragen, ehe man ein Grundstück betritt. In der Wachstumszeit, das heißt von April bis Ende Oktober, darf man Wiesen nur auf vorhandenen Wegen betreten.

Zur richtigen Zeit sammeln

In der Regel sammelt man: Blätter und Sprosse jung, vor der Blütezeit, Blüten kurz nach dem Aufblühen, Früchte kurz vor oder während der Vollreife (manche wie Schlehenfrüchte nach dem ersten Frost) und Wurzeln beziehungsweise Rhizome am Ende der Wachstumsperiode im Herbst, wenn sie Nährstoffe für den Wintervorrat gespeichert haben, oder auch im Frühjahr. Oberirdische Pflanzenteile sollten nicht bei feuchtem Wetter gesammelt werden, sondern möglichst am Vormittag eines sonnigen Tages, wenn der nächtliche Tau gerade verdunstet ist, nicht in der Mittagssonne, welche die Blätter austrocknet und ätherische Öle verdunsten lässt. Unterirdische Pflanzenteile gräbt man am frühen Morgen oder späten Nachmittag eines trüben Tages aus. Jahreszeitliche Sammelzeiten, die je nach Region und Witterung stark variieren können, sind jeweils im Pflanzenporträt und im Sammelkalender angegeben.

Die geeignete Ausrüstung mitnehmen

- Bestimmungsbuch mit Zeichnungen oder Fotos, auf denen die jeweils charakteristischen Merkmale gut zu sehen sind.
- Schere und scharfes Messer.
- Korb, Stofftasche oder größere Papiertüten für Blätter, Sprosse, Kraut und trockene, feste Früchte wie Schlehen oder Hagebutten. Für Blüten und empfindliche Früchte eignen sich größere Schraubdeckelgläser oder Milchkannen. Plastiktüten sind wenig geeignet, da die Pflanzen darin ihr Aroma verlieren.
- Handschuhe aus festem Stoff, um Verletzungen durch dornige oder stachelige Pflanzen sowie eventuell auch Überempfindlichkeitsreaktionen zu vermeiden.
- Lupe und Millimeterpapier können bei der genauen Bestimmung helfen.

Wildkräuter und Wildfrüchte aus dem Garten

Sammeln im eigenen Garten ist bequem und die Pflanzen sind dort vor verschiedenen Belastungen weitgehend geschützt. Manche der schmackhaften Gewächse – wie etwa Brennnessel, Gänseblümchen, Giersch, Huflattich, Weißer Gänsefuß, Kleinblütiges Knopfkraut, Löwenzahn, Märzveilchen, Schafgarbe, Spitzwegerich – siedeln sich gern von selbst als so genanntes »Unkraut« im Garten an.
Viele der Sammelpflanzen kann man auch bewusst in den Garten holen, wenn man die entsprechenden Bedingungen bietet. Sogar in kleinen und kleinsten Behältern und auf Balkon oder Terrasse lassen sich manche Arten ziehen. Die Pflanzen sollten allerdings nicht in der Natur ausgegraben, sondern in Spezialgärtnereien, die heimische Wildarten als Samen oder Pflanzen anbieten, erworben werden. Falls es sich nicht um besonders geschützte Arten handelt, darf man Samen aus der Natur holen und kann damit sein Glück versuchen. Gerade für besonders geschützte Pflanzen wie die Echte oder die Hohe Schlüsselblume oder für Rote-Liste-Arten bietet sich eine Kultur im Garten an.

In einem naturnahen Garten kann man auch verschiedenen Arten kulinarisch nutzbarer »Unkräuter« ein Plätzchen zugestehen.

Einige heimische Wildkräuter sind ohnehin schon seit langer Zeit zugleich Gartenbewohner wie etwa Beinwell, Lungenkraut, Wilde Malve, Schlüsselblume, die bereits in den Klostergärten des Mittelalters gehegt wurden oder die Wildobstarten Brombeere, Himbeere, Schwarzer Holunder, Sanddorn und Weißdorn. Sauerampfer, Guter Heinrich, Nachtkerze oder Weißer Gänsefuß waren früher geschätzte, heute weitgehend vergessene Gartengemüse. Auf der anderen Seite sind manche inzwischen längst zur Wildflora gehörende Arten einst als Zier-, Heil- oder Nahrungspflanzen nach Mitteleuropa gebracht worden und erst später aus der Kultur verwildert. Beispiele für diese Zuwanderer sind etwa Märzveilchen (9. Jh.), Nachtkerze (17. Jh.), Knopfkraut (18. Jh.), Wermut oder Pastinak.

Erklärung der Fachbegriffe

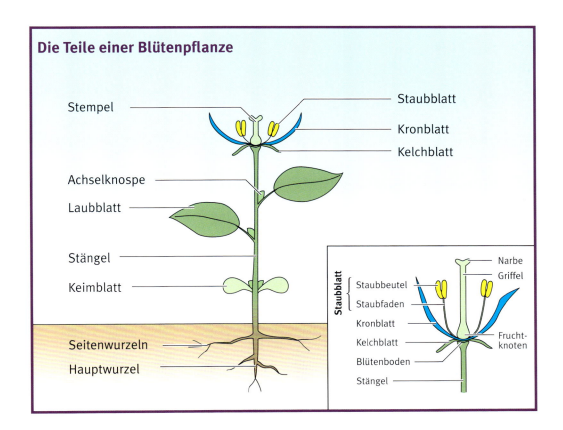

Spross

Ausläufer: Waagrecht, ober- oder unterirdisch wachsende Seitensprosse. Sie dienen der vegetativen Vermehrung und bilden an ihren Knoten aufrechte, sich leicht bewurzelnde, nach dem Absterben der Ausläufer selbstständige Pflanzen.
Borke: Äußerer, abgestorbener Teil der Rinde von Holzgewächsen.
Dornen: Harte, spitze, häufig verholzte, Gebilde an Pflanzen, die sich nur schwer abbrechen lassen.
Knoten: Ansatzstelle der Blätter am Stängel.
Rhizom, Wurzelstock: Unterirdische Sprossachse vieler Stauden; bildet alljährlich neue oberirdische Sprosse aus, die dann am Ende der Vegetationsperiode im Herbst absterben.
Stacheln: Spitze, hakenförmig gebogene, im Gegensatz zu Dornen leicht ablösbare harte Auswüchse der Oberhaut von Pflanzen.

Blatt

Blattachsel
Winkel zwischen Stängel und Blatt.
Blattscheide
Unterer verbreiterter Teil eines Blattes, der den Stängel röhrig (z. B. Gräser) oder bauchig (z. B. Bärenklau) umschließt.
Hüllblätter
Blätter, die eine Blüte oder einen Blütenstand umgeben.
Nebenblätter
Dem Blattgrund ansitzende Blatteile, meist in 2-Zahl.
parallelnervig
Blätter, deren Gefäßbündel parallel oder leicht bogenförmig angeordnet sind.
Tragblatt, Deckblatt
Blatt, aus dessen Achsel ein Seitenspross oder eine Blüte wächst.

Blattanheftung
herablaufend
Der untere Teil der Blattspreite zieht sich ein Stück am Stängel herab.
sitzend
Blatt ohne Stiel.
stängelumfassend
Der untere Teil der Blattspreite umgibt ganz oder teilweise den Stängel.

Blattstellung
gegenständig
An jedem Knoten stehen sich 2 Blätter gegenüber.

kreuzgegenständig
Gegenständige Blattstellung, bei der jedes folgende Blattpaar im rechten Winkel zum vorigen Blattpaar steht.

quirlständig, wirtelig
An jedem Knoten stehen 3 oder mehr Blätter.

wechselständig
An jedem Knoten steht nur 1 Blatt. Je 2 aufeinander folgende Blätter sind in einem bestimmten Winkel gegeneinander verschoben.

2-zeilig
Wechselständige Beblätterung, bei der die Blätter in 2 einander gegenüber stehenden Reihen angeordnet sind.

Erklärung der Fachbegriffe

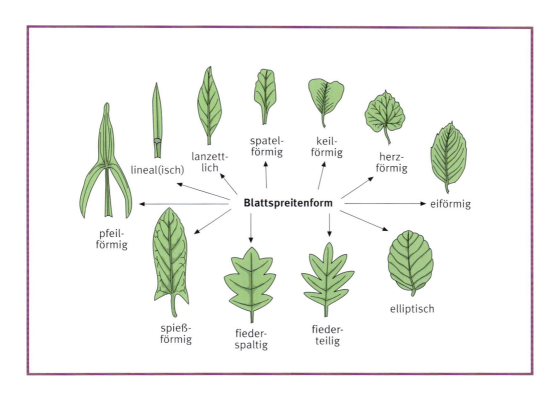

Blattrand

gebuchtet
Abgerundete Ausbuchtungen sind durch abgerundete Einschnitte voneinander getrennt.

gekerbt
Abgerundete Ausbuchtungen sind durch spitze Einschnitte voneinander getrennt.

gelappt
Die Blattspreite ist durch spitze Einschnitte in breite Lappen unterteilt.

gesägt
Spitze Zähne stoßen in spitzem Winkel aneinander.

doppelt gesägt
Große Zähne wechseln mit kleinen Zähnen ab. (ohne Abbildung)

gezähnt Spitze Zähne werden durch abgerundete Einschnitte voneinander getrennt.

schrotsägeförmig
Große Zähne sind ihrerseits fein gesägt oder gezähnt.

Zusammengesetzte Blätter

gefiedert Ein Blatt ist aus mehreren Teilblättern (Blättchen, Fiedern) zusammengesetzt.

unpaarig gefiedert Das Blatt besteht aus mehreren Fiederpaaren und 1 Endfieder.
paarig gefiedert Die Endfieder fehlt oder ist verkümmert.

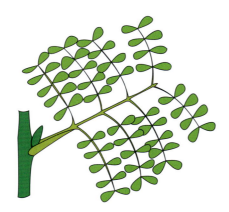

doppelt gefiedert Die Blattfiedern sind ihrerseits gefiedert. Es gibt Fiedern 1., 2., 3. usw. Ordnung.

dreizählig gefiedert Nur aus einem einzigen Fiederpaar und einer Endfieder zusammengesetztes Blatt.

Blüte

1-geschlechtige Blüte
Die Blüte enthält entweder nur Staubblätter (männliche Blüte) oder nur Fruchtknoten (weibliche Blüte).
Zwitterblüte
Die Blüte enthält sowohl Staubblätter als auch Fruchtknoten.
1-häusig
Die Individuen einer Art tragen Zwitterblüten oder 1-geschlechtige Blüten beiderlei Geschlechts.
2-häusig
Die Individuen einer Art tragen entweder nur männliche oder nur weibliche Blüten.
Röhrenblüte
Einzelblüte der Köpfchenblüter mit 5-spaltiger, röhrenförmiger Krone.
Zungenblüte
Einzelblüte der Köpfchenblüter mit einseitig verlängerter zungenförmiger Krone.
Außenkelch
Von kleineren Blättern gebildete, den Kelch am Grunde umgebende Hülle (z. B. bei verschiedenen Rosengewächsen).
Sporn
Hohle, meist kegelförmige Aussackung von Kelch oder Krone (z. B. Veilchen).
Spreublätter
Schuppenförmige Blätter auf dem Köpfchenboden mancher Köpfchenblüter.

Blütenstand

Ähre Lang gestreckter Blütenstand mit sitzenden Einzelblüten.

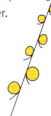

Erklärung der Fachbegriffe

Dolde Schirmförmiger Blütenstand, bei dem die gleich lang gestielten Blüten als Doldenstrahlen alle von einem Punkt ausgehen. Bei **zusammengesetzten Dolden** enden die Doldenstrahlen 1. Ordnung mit **Döldchen**. Die Tragblätter der Doldenstrahlen 1. Ordnung werden als **Hülle**, die der Döldchenstrahlen als **Hüllchen** bezeichnet.

Köpfchen, Körbchen Auf einem flachen oder gewölbten Blütenstandsboden sitzen zahlreiche Einzelblüten.

Kolben Ähre mit fleischig verdickter Achse.

Rispe Mehrfach verzweigte Traube, deren Seitensprosse Endblüten tragen.

Scheindolde Äußerlich einer Dolde ähnelnder Blütenstand, bei dem die ungleich lang gestielten Einzelblüten nicht von einem Punkt ausgehen.

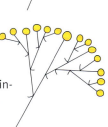

Traube Lang gestreckter Blütenstand mit gestielten Einzelblüten.

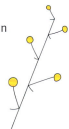

Frucht

Beere Die in allen Teilen fleischige Fruchtwand umschließt meist zahlreiche Samen.

Nuss Die in allen Teilen harte Fruchtwand umschließt meist 1 Samen.

Pappus Haarkelch, der als Flugorgan der Fruchtausbreitung dient (z. B. bei vielen Köpfchenblütern).

Scheinfrucht, Sammelfrucht Aus mehreren Einzelfrüchten zusammengesetzt, eine Einzelfrucht vortäuschend. Sammelsteinfrüchte (Himbeere, Brombeere) bestehen aus einzelnen Steinfrüchtchen, Sammelnussfrüchte (Erdbeere) aus einzelnen Nussfrüchtchen, bei Apfelfrüchten (Holzapfel, Weißdorn) sind Blütenboden und Einzelfrüchtchen miteinander verwachsen.

Schote Von 2 Fruchtblättern gebildete Frucht der Kreuzblüter, die sich mit 2 Längsspalten öffnet und die meist zahlreichen Samen freigibt. Eine kurze Schote (höchstens 3-mal so lang wie breit) heißt **Schötchen**.

Steinfrucht Die außen fleischige, innen harte Fruchtwand umschließt einen (z. B. Schlehe) oder mehrere Steinkerne (z. B. Holunder).

Pflanzenporträts

Eine überraschend große Anzahl von Wildpflanzen-Arten bieten für den Menschen essbare Früchte, Blätter, Sprosse oder Wurzeln. Andererseits gibt es viele ungenießbare oder gar giftige Arten, wobei manche so stark giftig sind, dass ihr Genuss tödliche Folgen haben kann. Sammeln und verwenden Sie daher nur Wildpflanzen, bei denen Sie ganz sicher sind, die gewünschte essbare Art vor sich zu haben.

In den Pflanzenporträts der folgenden Seiten sind wichtige Merkmale beschrieben, die Ihnen beim Erkennen der Pflanzen helfen sollen. Sie erfahren auch, welche Wuchsorte die Pflanzen bevorzugen, wann sie blühen und wann man am besten sammelt, welche Teile verwendet werden und wie man diese kulinarisch einsetzen kann.

Interessante Informationen zu Botanik oder Kulturgeschichte runden die meisten Porträts ab.

Die Arten erscheinen in Gruppen, die durch Symbole gekennzeichnet sind:

Holzgewächse sind ausdauernde Pflanzen mit verholzter Sprossachse: Bäume mit Stamm und Krone, Sträucher von Grund an verzweigt. Die meisten heimischen Laubgehölze sind sommergrün.

Krautige Pflanzen sind in ihren oberirdischen Sprossteilen weitgehend unverholzt. Stauden leben mehrere bis viele Jahre und überdauern mit Hilfe von unterirdischen Organen oder der Erde anliegenden Erneuerungsknospen. 1-jährige Pflanzen überdauern als Samen und keimen, wachsen, blühen, fruchten und sterben in einem Jahr. 2-jährige Pflanzen keimen und wachsen im ersten und blühen, fruchten und sterben im zweiten Jahr. Die krautigen Pflanzen sind jeweils nach Lebensräumen in Gruppen zusammengefasst:

Ackerland und Siedlungen: 1. Durch menschliche Nutzung bestimmte Lebensräume wie Getreidefelder, Hackfruchtäcker, Weinberge, Gärten. 2. Flächen im Siedlungsbereich (Ruderalflächen) wie Weg- und Straßenränder, Brachflächen, Mauern, Zäune. Ackerwild- und Ruderalpflanzen (»Unkräuter«) sind an Störungen angepasst.

Grasland: Lebensräume ohne oder nur mit geringfügigem Baumbewuchs wie Trockenrasen sowie die überwiegend durch den Menschen geschaffenen Wiesen und Weiden.

Feuchtgebiete: Lebensräume im oder am Wasser sowie feuchte Standorte: Gewässer, Ufer, Feuchtwiesen, Moore.

Gehölze: Vorwiegend von Holzgewächsen geprägte Lebensräume: Wälder, Gebüsche, Hecken, Zwergstrauchheiden.

Innerhalb eines Lebensraums sind die Pflanzen nach ihrer botanischen Zusammengehörigkeit angeordnet.
Die Angaben zu Blütezeit und Fruchtreife stellen nur Anhaltspunkte dar, weil die Unterschiede zwischen Regionen, Standorten und verschiedenen Jahren sehr groß sein können. Angegeben sind jeweils wichtige Standorte sowie bei in Mitteleuropa nicht lückenlos verbreiteten Arten ein verbreitetes (regionale Lücken), zerstreutes (größere Lücken) oder seltenes (nur an wenigen Stellen) Vorkommen. Auch eine selten vorkommende Art kann an ihrem Fundplatz in Massen auftreten. Die Nennung der zu sammelnden Pflanzenteile sowie Vorschläge für die Verwendung sollen die Sammel- und Küchenpraxis erleichtern.

Besondere Rezeptempfehlungen für die entsprechende Art werden durch dieses Symbol gekennzeichnet.
Um Verwechslungen zu vermeiden wird unter »Verwandte Art(en)« auf ähnlich aussehende ungiftige Pflanzen hingewiesen. Falls sie ebenfalls verwendbar sind, wird dies ausdrücklich erwähnt. Mit »Achtung!« gewarnt wird vor Verwechslungen mit Giftpflanzen, möglichen Überempfindlichkeitsreaktionen oder Nebenwirkungen.

Bäume und Sträucher

Berberitze, Gewöhnlicher Sauerdorn
Berberis vulgaris

Familie: Berberitzengewächse (Berberidaceae). Zweige lang, schlank, rutenförmig; mit zahlreichen 3-teiligen, 1–3 cm langen Dornen. Holz gelb. Blätter wechselständig, eiförmig, 2–6 cm lang, am Rand stachelig gesägt, büschelartig in den Achseln der Dornen. Blüten halbkugelig, bis 1 cm breit, süß duftend, mit jeweils 6 gelben Kelch- und Kronblättern; in gestielten, hängenden, fingerlangen Trauben. Beeren walzenförmig, etwa 1 cm lang, rot, meist 2 Samen.
Blüte: Mai bis Juni.
Früchte: August bis Oktober; Früchte bleiben oft den Winter über an den Zweigen.
Höhe: 1–3 m.

Mit ihren leuchtend roten Früchten lockt die Berberitze Vögel zur Samenausbreitung an.

Der Strauch wächst zerstreut, nördlich des Mains ist er selten anzutreffen. Man findet ihn im lichten Wald und am Waldrand, in Hecken, auf sonnigen Hügeln und an Abhängen; in Berglagen bis in eine Höhe von 2700 m.
Da die Berberitze Zwischenwirt des Getreiderostes *(Puccinia graminis)* ist, wurde sie vielfach ausgerottet.
Die Staubblätter sind reizbar: Werden sie etwa durch ein Insekt berührt, klappen sie zum Stempel hin um. Gleichzeitig reißen die Staubbeutel auf und bepudern das Insekt mit Pollen.

Die vollreif gesammelten **Früchte** können roh gegessen, getrocknet oder kandiert werden. Man bereitet aus ihnen Sauce, Saft (siehe S. 138), Gelee (siehe S. 141), Mus (siehe S. 143) oder Essig. Die sauren Früchte lassen sich etwa auch mit Birnen zu Marmelade oder anderen Zubereitungen verarbeiten. Der Berberitzensaft kann anstelle von Essig oder Zitronensaft als Würz- und Säuerungsmittel verwendet werden.
In den **Garten** sollte man den anspruchslosen Strauch nur setzen, wenn keine Getreidefelder in der Nähe sind.

Blütentrauben der Berberitze.

Achtung! Rohe Früchte werden manchmal nicht vertragen. Nicht die reifen Früchte, jedoch die anderen Pflanzenteile sind giftig. Auch die Früchte anderer (Zier-)Sauerdorn-Arten dürfen nicht verzehrt werden. Giftige rote Früchte haben z. B. auch folgende Wildsträucher: Länglich-eiförmige, scharlachrote Beeren trägt von August bis Oktober der Gewöhnliche Bocksdorn *(Lycium barbarum)*, ein 1–3 m hoher Strauch mit lanzettlichen Blättern und 5-zähligen lila Blüten. Der Bittersüße Nachtschatten *(Solanum dulcamara)* hat ebenfalls 5-zählige lila Blüten und trägt von Juni bis August erbsengroße, eiförmige, scharlachrote Beeren. Er ist ein Halbstrauch mit bis zu 2 m langen kletternden Sprossen.

Essig: S. 147

Rotbuche
Fagus sylvatica

Familie: Buchengewächse (Fagaceae). Krone breit. Rinde glatt, grau. Knospen lang, spitzig, mit schmalen, häutigen Schuppen bedeckt. Blätter 2-zeilig, eiförmig, fast ganzrandig, 5–10 cm lang, am Rand gewellt und bewimpert, dunkelgrün, glänzend. Blüten gleichzeitig mit den Blättern erscheinend; männliche Blüten in kugeligen, lang gestielten, aus den Blattachseln herabhängenden Blütenständen; weibliche Blüten zu 2 auf langem Stiel und von einer 4-spaltigen, stark behaarten Hülle umgeben, die später zum weichstacheligen Fruchtbecher verholzt. Nussfrüchte (»Bucheckern«) 3-kantig, rotbraun, zu 2 vom Fruchtbecher umschlossen, der sich zur Reifezeit mit 4 Klappen öffnet und die Früchte freigibt.
Blüte: April bis Mai.
Früchte: September bis Oktober.
Höhe: bis 30 m.

Die Rotbuche ist ein verbreitet vorkommender Baum der Laubmischwälder bis in Höhen von etwa 1500 m. In Europa findet man die Rotbuche südlich von Mittelengland und Südschweden bis zum Mittelmeer. Sie wird auch in Parks und Gärten gepflanzt. Früchte bildet die Rotbuche erst, wenn sie älter ist, ab etwa 40 Jahren, und auch nicht jedes Jahr, sondern im 5–8-jährigen Rhythmus.

Gesammelt werden die im Herbst auf dem Boden liegenden **Früchte,** die Bucheckern. Besonders in Notzeiten hat man früher die darin enthaltenen Samen als Nuss- und Mandelersatz in Salaten, Saucen, Süßspeisen und Gebäck verwendet, ebenso das aus ihnen gepresste hochwertige Öl. Die dünne Haut wird abgeschält, was am leichtesten nach kurzem Rösten (ohne Fett) in einer Pfanne geschieht (vgl. dazu auch Hasel).

Naturnahe Buchenwälder bieten Lebensraum für viele Tier- und Pflanzenarten.

Achtung! Roh sollte man die Samen nicht genießen, da in ihnen ein die Magen- und Darmschleimhaut reizender Wirkstoff, der bei Erhitzung weit gehend unwirksam wird, enthalten ist. Wegen ebenfalls enthaltener Saponine und Oxalsäure ist Überdosierung zu vermeiden. In früheren Zeiten hat man die Bucheckern in der Schweinemast verwendet. Die Samen dienten, getrocknet und gemahlen, als Mehl-Ersatz, geröstet auch als Kaffee-Ersatz. Die Buchenblätter waren Tabak-Ersatz und Viehfutter; mit den Herbstblättern wurden Matratzen gefüllt. Die spitzen Knospen dienten als Zahnstocher.

Fruchtbecher und Früchte (»Bucheckern«) der Rotbuche.

Gewöhnliche Hasel
Corylus avellana

Familie: Haselnussgewächse (Corylaceae). Rinde in älterem Zustand grau, glänzend, mit kleinen Höckern besetzt; junge Sprosse rötlich behaart, graugrün. Blätter nach der Blüte erscheinend, wechselständig, kurz gestielt, 5–13 cm lang, rundlich-eiförmig mit herzförmigem Grund, zugespitzt, am Rand doppelt gezähnt; in jungem Zustand dicht behaart, später nur an den Adern, vor allem der Unterseite. Männliche Blüten in gelblichen, zu 2–4 schlaff herabhängenden, 8–10 cm langen Kätzchen; diese bereits im Spätsommer des Vorjahres angelegt, endständig oder in den Blattachseln vorjähriger Triebe. Weibliche Blüten zu 2–6 in knospenförmigen, aufrechten, braungrünen Blütenständen, aus denen oben die tiefroten, bis 5 mm langen Narben herausragen. Nuss mit harter holziger Schale, von einer becherförmigen Hülle umgeben, gewöhnlich zu 2 oder 3 zusammenstehend, reif hell- bis rostbraun.
Blüte: Februar bis April.
Früchte: September bis Oktober.
Höhe: 2–5 m.

Bereits im Vorfrühling blühen die Haselsträucher.

Der sehr selten auch baumartig wachsende Strauch ist ein verbreiteter Bewohner von Waldrändern, Laubwäldern, Gebüschen, Hecken, Wegrainen und Trockenhängen. Er kommt bis in Höhen von 1800 m vor und wird häufig angepflanzt.

Die Früchte, die Haselnüsse, wurden bereits von Steinzeitmenschen als Nahrung gesammelt und ihre Beliebtheit hat sich über die Jahrtausende erhalten. In der Antike und im Mittelalter hat man Haselsträucher kultiviert, daneben aber auch stets Wildsträucher genutzt. Der Geschmack – »nussig« – wird nicht selten zur Beschreibung anderer Nahrungsmittel verwendet.

Die jungen **Blätter** können Salate, Suppen und Saucen würzen. Man sammelt die **Früchte,** wenn sie sich verfärben. Nüsse mit einem kleinen Loch in der Fruchtwand sind meist »taub«, da ihr Inhalt von der Larve des Haselnussbohrers verzehrt wurde. An einem luftigen, trockenen Platz lässt man die Früchte trocknen und nachreifen. Nach dem Entfernen des Fruchtbechers werden die Nüsse geknackt und die Samen entnommen.

Wer vor dem Genuss oder der Weiterverarbeitung die etwas bittere Haut entfernen will, legt die Nusskerne nebeneinander auf ein Backblech und röstet sie unter gelegentlichem Wenden bei 100 bis 140 °C im Backrohr, bis sie goldbraun sind. Nach dem Rösten kann man die braune Haut durch leichtes Reiben mit einem Tuch entfernen. Rösten intensiviert das Nussaroma zusätzlich.

Ganze, gehackte oder gemahlene Haselnüsse können höchst vielseitig verwendet werden: zur Verfeinerung von Salaten, Saucen, Fleisch- und Gemüsegerichten, als Bestandteil von Süßspeisen und Desserts, von Brot, Kuchen und Weihnachtsplätzchen.

Im **Garten** schätzt die Hasel viel Licht sowie nährstoffreichen, lehmigen Boden.

Achtung! Bei entsprechend empfindlich veranlagten Personen können Haselnüsse – wie auch die Pollen im Vorfrühling – allergische Reaktionen auslösen.

Kräuter-Sahne-Sauce: S. 134
Haselnuss-Eis: S. 136
Herbstkuchen: 138

In der Fruchthülle reifende Haselnüsse.

Hundsrose
Rosa canina

Familie: Rosengewächse (Rosaceae). Zweige aufrecht oder leicht überhängend, meist rutenförmig; mit großen, hakig gebogenen Stacheln. Blätter wechselständig, beiderseits kahl; Blattfiedern 3–7, eiförmig, 1,5–4 cm lang, am Rand gezähnt; am Grund 2 Nebenblätter; Blattstiel mit sichelförmigen Stacheln. Blüten meist einzeln oder auch zu 3 oder 4 in den Blattachseln, etwa 5 cm im Durchmesser, zart duftend; Kelchblätter 5, nach der Blütezeit zurückgeschlagen, vor der Reifezeit abfallend; Kronblätter 5, rosa bis weiß, 15–25 mm lang; Staubblätter und Stempel zahlreich, Narben zu halbkugeligem Köpfchen vereinigt. Hagebutten genannte Sammelfrüchte rot, eiförmig, bis 2 cm lang, fleischig, glatt; im Inneren in Härchen eingebettet zahlreiche Früchtchen.
Blüte: Mai bis Juni.
Früchte: Oktober bis November.
Höhe: 1–3 m.

Früchte der Hundsrose (Hagebutten).

Der Strauch wächst verbreitet an Wald- und Wegrändern, in Laubwald, Gebüsch, Hecken, an offenen Hängen und auf Brachland.
Die zart duftenden **Blütenblätter** lassen sich ähnlich wie die von – intensiver duftenden – Gartenrosen verwenden: zur Dekoration von Salaten oder Desserts, zur Bereitung von Sirup, zur Aromatisierung von Süßspeisen, Desserts, Gelees, Marmeladen, Bowle und Essig. Man kann sie auch kandieren. Vor der Verwendung sollten die bitter schmeckenden weißen Ansätze der Blütenblätter entfernt werden. Die Römer liebten Rosenspeisen. Vom Mittelalter bis ins 19. Jahrhundert nutzte man auch hier zu Lande Rosenblütenblätter kulinarisch und arzneilich.
Hagebutten, die man trocknen will, sammelt man besser vor dem ersten Frost. Die noch festen **Früchte** kann man als Ganze trocknen oder sie der Länge nach aufschneiden und die Kerne herauskratzen. Man befreit sie durch gründliches Waschen von den anhaftenden Härchen. (Die Kinder haben diese früher als »Juckpulver« verwendet.) Sowohl aus den getrockneten Fruchtschalen als auch aus den getrockneten Kernen lässt sich wohlschmeckender Tee (siehe S. 144) bereiten. Hagebutten enthalten neben anderen wert-

Die Blüten der Hundsrose zeigen den Beginn des Frühsommers an.

vollen Inhaltsstoffen vor allem viel Vitamin C. Aus den durch den ersten Frost erweichten Früchten bereitet man ein »Hagebutten-Mark« oder »Hägemark« genanntes Mus, das zu Fleisch schmeckt und aus dem sich Saucen, Desserts, Kuchenfüllungen oder Konfitüre bereiten lassen. Auch Hagebuttenlikör und Hagebuttenwein sind geschätzt. Als Einzelgehölz oder Heckenpflanze braucht die Hundsrose im **Garten** viel Sonne und sandige, durchlässige, lehmige Erde.

Verwandte Arten: Es gibt etwa 40 heimische Wildrosen-Arten, die teilweise schwer zu unterscheiden sind und sich zudem oft kreuzen. Neben der Hundsrose sind für die Blütengewinnung auch andere duftende Arten und für die Früchte solche mit nicht zu kleinen Hagebutten geeignet, beispielsweise die der Hundsrose sehr ähnliche **Heckenrose** *(Rosa corymbifera),* die durch auf der Oberseite leicht behaarte Fiederblätter und flaumhaarige Blattstiele gekennzeichnet ist.

> Rosenblüten-Pudding: S. 134
> Herbstkuchen: S. 138
> Sirup: S. 140
> Hagebutten-Mark: S. 143
> Likör: S. 146
> Essig: S. 147
> Kandierte Wildrosen-Blüten: S. 149;
> Abb. S. 134 (auf dem Pudding)

Himbeere
Rubus idaeus

Familie: Rosengewächse (Rosaceae). Stängel rutenförmig, überhängend, mit feinen rötlichen Stacheln besetzt; Schösslinge aufrecht. Blätter wechselständig; 3–7-zählig gefiedert, 5–12 cm lang; Blattfiedern eiförmig, am Rand gesägt, auf der Oberseite dunkelgrün und kahl, auf der Unterseite weißfilzig; Nebenblätter fadenförmig dünn, bewimpert, am Grund mit dem Blattstiel verwachsen. Blüten etwa 1 cm breit, zart duftend, in wenigblütigen, doldenartigen, nickenden Blütenständen; Kelchblätter 5, nach der Blütezeit zurückgeschlagen; Kronblätter 5, weiß, 5 mm lang; viele Staubblätter und Stempel. Sammelfrüchte aus vielen Steinfrüchtchen, hell- bis dunkelrot, duftend, lösen sich ohne Blütenboden ab.
Blüte: Mai bis Juni (bisweilen auch länger).
Früchte: Juli bis September.
Höhe: 50–120 cm.

Himbeeren sind aus einzelnen Steinfrüchtchen zusammengesetzte Scheinfrüchte.

Der Strauch bildet ober- und unterirdische Ausläufer, sodass er ein dichtes Gestrüpp an ihm zusagenden Plätzen bilden kann. Die Himbeere wächst, im Bergland bis 1900 m aufsteigend, in fast ganz Europa in Wäldern, am Waldrand, in Hecken, auf Lichtungen und an Wegrändern. Sie bevorzugt feuchte, nährstoffreiche Standorte.

Im Frühjahr gesammelte junge **Blätter** ergeben getrocknet, auch gemischt mit Erdbeer- und/oder Brombeerblättern, einen schmackhaften Haustee, der über längere Zeit getrunken werden kann.

Die **Früchte** sammelt man vollreif und isst sie roh etwa in Joghurt oder Quark oder als Kuchenbelag. Auch gekocht behalten sie weitgehend ihr köstliches Aroma. Geschätzt sind insbesondere Sirup und Gelee (siehe S. 141). Eine Fülle anderer wohlschmeckender Zubereitungen lassen sich aus Himbeeren herstellen,

beispielsweise Kompott, Eis, Sorbet, Creme, Konfitüre (siehe S. 141), Likör, Wein, Essig. Die Kochbücher des 19./20. Jahrhunderts schwelgen geradezu in Himbeerspeisen. Außer den genannten Zubereitungen findet man etwa Himbeerbombe, -fondant, -küchlein, -pudding, -rahmschnee oder -sulz. Der mit Wasser verdünnte Himbeersirup ist noch heute ein beliebtes Erfrischungsgetränk.
Die Himbeere mag Halbschatten und lockeren, humosen Boden.

Himbeer-Quark-Kuchen: S. 137
Herbstkuchen: S. 138
Himbeer-Sirup: S. 140
Hausteemischung: S. 144
Bowle: S. 145
Himbeer-Likör: S. 146
Essig: S. 147

Echte Brombeere
Rubus fruticosus

Familie: Rosengewächse (Rosaceae). Stängel grün; liegend, aufrecht oder bogenförmig überhängend; mit starken Stacheln besetzt. Blätter wechselständig, 3–7-zählig gefiedert; Blattfiedern eiförmig, spitz, gesägt; nicht selten grün oder rot überwinternd; Blattstiel und Nerven mit rückwärts gerichteten Stacheln besetzt; Nebenblätter fadenförmig dünn, am Blattstiel angewachsen. Blüten in lockeren Trauben, 5-zählig, etwa 2 cm breit; Kronblätter weiß oder rosa, zahlreiche Staub- und Fruchtblätter, Blütenstiele drüsig. Sammelfrüchte bis 2 cm breit; aus meist über 20 kugeligen, glänzend schwarzen Steinfrüchtchen bestehend; lösen sich zusammen mit dem Blütenboden ab.
Blüte: Juni bis August.
Früchte: Juli bis Oktober.
Höhe: 50–200 cm.

Die Echte Brombeere hat weiße oder rosa Blüten.

Reife und unreife Früchte an einem Zweig der Echten Brombeere.

Der teilweise wintergrüne Strauch vermehrt sich auch vegetativ. Da sich seine Schösslinge an der Spitze bewurzeln, bildet er vielfach ein dichtes Gestrüpp. Die Echte Brombeere wächst, von der Ebene bis in Höhen von 1600 m, in fast ganz Europa in Wäldern, Gebüschen, Hecken, auf Lichtungen und Heiden. Im Frühjahr gesammelte junge **Blätter** ergeben getrocknet, auch mit Erdbeer- und/oder Himbeerblättern gemischt, einen schmackhaften Haustee (siehe S. 144), den man über längere Zeit trinken kann, ohne negative Auswirkungen befürchten zu müssen.
Die reifen **Früchte** (»Beeren«) schmecken roh sehr gut, etwa in Quark, Joghurt Obstsalat oder als Kuchenbelag. Man verarbeitet sie zu Kompott, Saft (siehe S. 138), Gelee (siehe S. 141), Konfitüre (siehe S. 141), Wein und Likör. Mit Himbeeren und Johannisbeeren sind sie Bestandteil der Roten Grütze.

Brombeeren brauchen im **Garten** Halbschatten und lockeren, humosen Boden.

Verwandte Arten: *Rubus fruticosus* ist eine Sammelart und umfasst eine Vielzahl schwer unterscheidbarer Kleinarten. In Auwäldern, an Wegrändern und auf Äckern findet sich verbreitet die **Kratzbeere** *(Rubus caesius)*. Ihre Stängel sind bereift und mit borstlichen Stacheln besetzt, die Blätter 3-zählig. Die bläulich bereiften und nur aus wenigen großen Einzelfrüchten bestehenden Sammelfrüchte sind essbar, bieten aber wenig Genuss.

Herbstkuchen: S. 138
Haustemischung: S. 144
Bowle: S. 145
Likör: S. 146

Wilder Apfelbaum, Holzapfel
Malus sylvestris

Familie: Rosengewächse (Rosaceae). Krone kugelig oder breit-ausladend. Borke purpurgrau; feinrissig und in größeren Schuppen abblätternd. Zweige meist dornig. Blätter wechselständig, eiförmig bis rund, mit kurzer Spitze, 3–8 cm lang, am Rand gesägt oder gekerbt, unterseits auf den Nerven etwas behaart, Stiel bis 3 cm lang. Blüten unmittelbar nach den Blättern erscheinend, gestielt, bis 4 cm breit; Kelchblätter 5; Kronblätter 5, oberseits weiß, unterseits rötlich überlaufen; viele Staubblätter, 5-fächeriger Fruchtknoten. Apfelfrucht rund, 2–3 cm im Durchmesser, gelb, hart, bitter.
Blüte: April bis Mai.
Früchte: September bis Oktober.
Höhe: 3–10 m.

Holzäpfel sind klein und hart.

Der Wilde Apfelbaum wächst als Strauch oder kleiner Baum zerstreut in Laubwäldern, Gebüsch, Auwäldern und am Waldrand.
Die harten, bitteren, säuerlichen und oft holzigen Früchte enthalten viel Vitamin C, Mineralstoffe, Gerbstoffe und Flavonoide. Da sie roh nicht genießbar sowie zu klein zum Schälen und Entkernen sind, bereitet man aus ihnen vor allem Saft (siehe S. 138) und Gelee (siehe S. 141). Sie sind reich an Pektin, daher gibt man sie auch zur Gelee- und Konfitürebereitung anderen Früchten zu, weil sie das Gelieren fördern. Wildäpfel eignen sich auch als Geflügelfüllung.

Achtung! Siehe Hinweis auf S. 119/120.

Verwandte Art: Der ebenfalls dornige, 8–20 m hohe **Wilde Birnbaum** *(Pyrus pyraster)* wächst zerstreut an ähnlichen Standorten. Seine Früchte sammelte man wie die Wildäpfel seit der Jungsteinzeit. Er hat eine schlanke Krone. Die Kronblätter sind beiderseits weiß, die Staubbeutel auffällig rot. Seine fast kugeligen, bis 5 cm breiten Apfelfrüchte sind grünlichgelb, bisweilen rötlich überlaufen. Sie sind roh im Allgemeinen nicht genießbar und können wie Wildäpfel verarbeitet werden.

Eberesche, Vogelbeerbaum
Sorbus aucuparia

Familie: Rosengewächse (Rosaceae). Borke glatt und hellgrau, später schwärzlich und rissig. Blätter wechselständig, bis 20 cm lang, unpaarig gefiedert mit 5–7 Fiederpaaren; Fiedern länglich-lanzettlich bis elliptischeiförmig, scharf gesägt, 4–6 cm lang, oberseits dunkelgrün, unterseits graugrün. Blüten nach dem Laubaustrieb erscheinend, in 8–12 cm breiten, reichblütigen Doldenrispen, stark duftend; Kronblätter 5, gelblichweiß, 4–5 mm lang; Griffel 2–4. Apfelfrüchte kugelig, erbsengroß; orange bis korallen- oder scharlachrot.
Blüte: Mai bis Juni.
Früchte: August bis Oktober.
Höhe: 3–15 m.

Der anspruchslose Strauch oder Baum wächst verbreitet und bis auf 2000 m Höhe in Wäldern, Gebüsch, auf Brachflächen und an Waldrändern. Man pflanzt ihn gern als Straßenbaum oder in Gärten und Parks. Seiner Anspruchslosigkeit und der Verbreitung seiner Samen durch Vögel verdankt der Vogelbeerbaum manchen unzugänglichen und »mageren« Standort auf Mauern, Dächern oder Bäumen.
Roh sind die **Früchte** nicht genießbar. Während man für Kompott, Konfitüre (siehe S. 141) oder Likör (siehe S. 146) die bereits vom ersten Frost etwas erweichten und im Geschmack milder gemachten Früchte sammelt, nimmt man zur Bereitung von Saft (siehe

Zum Frühlingsende entfalten sich die üppigen Blüten der Eberesche.

Die kleinen apfelförmigen Speierlingsfrüchte lassen sich gut zu Saft verarbeiten.

S. 138) und Gelee (siehe S. 141) die noch harten, saftigeren »Beeren«. Eberteschengelee schmeckt besonders gut zu Wildgerichten. Für Marmeladen empfiehlt es sich, Ebereschenfrüchte mit anderen, milder schmeckenden Früchten wie Äpfel, Birnen oder Preiselbeeren zu mischen. Die früher im Handel erhältliche »Vierfruchtmarmelade« enthielt auch Ebereschenfrüchte. Wer will, kann die Früchte vor der Weiterverarbeitung entbittern: für 24 Stunden in Essigwasser (3 Esslöffel Essig auf 1 l Wasser) einlegen. Für den **Garten** gibt es auch Zuchtformen mit milder schmeckenden Früchten.

Achtung! Rohe Beeren enthalten Parasorbinsäure, die den Magen-Darm-Trakt reizen kann; nicht in größeren Mengen verzehren.

Verwandte Arten: Die ebenfalls im Herbst reifen Apfelfrüchte der nachfolgend angeführten Bäume sind genießbar, schmecken jedoch fad und sehr mehlig. Sie werden daher heutzutage kaum mehr verwendet, allenfalls anderen Wildfrüchten (Kompott, Saft, Marmelade) beigemischt. Die **Mehlbeere** *(Sorbus aria)*, 3–15 m hoch, Kalk liebend, wächst zerstreut bis selten auf sonnigen, trockenen Hängen, in Bergwäldern und an Waldrändern. Die breit-elliptischen, spitzen, am Rand ungleichmäßig doppelt gesägten Blätter sind unterseits dicht weißfilzig behaart. Im Mai und Juni erscheinen weiße Blüten in Rispen. Die kugeligen Früchte sind orange- bis scharlachrot. Die **Elsbeere** *(Sorbus torminalis)*, 20 m hoch, Kalk liebend, kommt zerstreut bis selten in Laub- und Mischwäldern vor. Die

Früchte der Eberesche (»Vogelbeeren«).

Blätter haben 3-eckigen Umriss und spitze, tief eingeschnittene Lappen. Im Mai und Juni erscheinen weiße Blüten in Rispen. Die eiförmigen Früchte sind braun und gepunktet. Der bis 13 m hohe, in Laubwäldern selten, angepflanzt häufiger anzutreffende **Speierling** *(Sorbus domestica)* stammt aus dem Mittelmeergebiet. Seine Blattfiedern sind in der oberen Hälfte am Rand gesägt. Im Mai erscheinen weiße Blüten in Doldenrispen. Die kugeligen oder birnenförmigen, rötlichgelben, bis 3,5 cm langen Früchte hat man zu Saft verarbeitet, der meist anderen Obstsäften beigemischt oder zur Klärung des Apfelweins verwendet wurde.

Ebereschen-Gelee: S. 141

Eingriffeliger Weißdorn
Crataegus monogyna

Familie: Rosengewächse (Rosaceae). Zweige mit bis 3 cm langen, starken, spitzen Dornen. Blätter wechselständig, 3-eckig mit breitem Blattgrund, bis 5 cm lang, 3–5-lappig, Lappen ganzrandig oder an der Spitze gezähnt. Blüten nach den Blättern erscheinend, weiß, stark duftend, 1–1,5 cm breit, 5-zählig, 1 Griffel; in doldenartigen Rispen; Blütenstiele behaart. Apfelfrucht (Steinapfel) eiförmig, etwa 1 cm lang, rot, meist nur 1 Steinkern.
Blüte: Mai bis Juni.
Früchte: September bis Oktober.
Höhe: 2–5 m (als Baum bis 8 m).

Der Strauch oder Baum wächst verbreitet und bis in 1500 m Höhe in Laub- und Auwäldern, am Waldrand, in Gebüsch und Hecken sowie an felsigen Hängen. Nicht selten wird er in Anlagen, Parks und Gärten gepflanzt. Er bevorzugt sonnige, mäßig warme und stickstoffarme Standorte.
Die im Mai gesammelten und getrockneten **Blätter** und **Blüten** können in eine Haustee-Mischung (siehe S. 144) gegeben werden.
Im September sammelt man die reifen **Früchte**. Roh schmecken sie mehlig und fad und wurden deshalb auch »Mehlfässchen« genannt. Man verarbeitet sie – insbesondere gemischt mit Äpfeln, Brombeeren, Himbeeren, Holunderfrüchten – zu Kompott, Gelee (siehe S. 141), Konfitüre (siehe S. 141). Wegen

Mit seinen Blüten kündigt der Eingriffelige Weißdorn den Frühsommer an.

ihres hohen Pektingehalts dienen sie als Gelierhilfe für die genannten pektinarmen Früchte. Aus getrockneten Weißdornfrüchten kann man einen schmackhaften Tee bereiten, der sich mit Himbeersaft, Zitrone, Milch oder

Bäume und Sträucher 39

Im Volksmund hießen Weißdornfrüchte auch »Mehlfässchen«.

Rahm verfeinern lässt. Die getrockneten Früchte werden dazu etwa 10 Minuten gekocht und sollten vor dem Abseihen noch einige Zeit nachziehen. Früher wurden in Notzeiten die getrockneten Früchte auch zu einer Art Mehl vermahlen. Aus den getrockneten und gerösteten Steinkernen hat man Kaffee-Ersatz gewonnen.
Im **Garten** kann der Weißdorn auch als Heckenpflanze dienen. Er bevorzugt nährstoffreichen Boden.

Verwandte Art: Der **Zweigriffelige Weißdorn** *(Crataegus laevigata,* Syn. *Crataegus oxyacantha)* kommt verbreitet an den gleichen Standorten vor wie der Eingriffelige Weißdorn. Im Unterschied zu diesem hat er schwach gelappte Blätter mit keilförmigem Grund, kahle Blütenstiele und weiße oder rosa Blüten mit 2 Griffeln. Er blüht etwas früher als der Eingriffelige Weißdorn. Seine Blätter und Früchte (mit meist 2 Steinkernen) werden wie oben angegeben ebenfalls verwendet. Auch im Volksglauben spielte der dornige Strauch eine Rolle. Ums Haus gepflanzt sollte er böse Geister fernhalten. Wenn er reich blühte, kündigte er eine gute Kornernte an, viele Früchte ließen einen strengen Winter erwarten. Blätter, Blüten und Früchte des Ein- und Zweigriffeligen Weißdorns dienen als Herzmittel.

Weißdorn-Apfel-Mus: S. 143

Gewöhnliche Traubenkirsche
Prunus padus

Familie: Rosengewächse (Rosaceae). Krone tief angesetzt und ausladend. Zweige dünn, überhängend. Rinde schwarzgrau, später mit längsrissiger Borke. Blätter wechselständig, bis 12 cm lang, elliptisch, mit langer Spitze, am Rand scharf gesägt, kahl; Oberseite dunkelgrün, Unterseite bläulichgrün; 1–1,5 cm langer Stiel, an dessen oberem Ende 2 grüne Drüsen. Blüten weiß, stark duftend, bis 2 cm breit, zu 10–20 in zunächst aufrechten, später hängenden Tauben, mit dem Laubaustrieb oder kurz danach erscheinend; Kelchblätter 5, drüsig gefranst; Kronblätter 5, weiß, 6–9 mm lang; Staubbeutel gelb. Steinfrüchte rotschwarz, glänzend, kugelig, erbsengroß; Stein grubig gefurcht.
Blüte: April bis Mai.
Früchte: (Juni) Juli bis August.
Höhe: bis 12 m.

Die Früchte der Gewöhnlichen Traubenkirsche reifen im Sommer.

Der Großstrauch oder Baum siedelt verbreitet in Auwäldern, an Waldrändern und Bächen. Da die **Früchte** von Vögeln und Kleinsäugern sehr geschätzt werden, sollte man mit dem Sammeln nicht lange warten (und den Tieren genügend übrig lassen). Die rohen Früchte sind auch wegen ihres Gehalts an giftiger Blausäure nicht genießbar. Aus ihnen kann man aber, nach dem Entfernen der Steine, schmackhafte Konfitüre bereiten. Sie eignen sich insbesondere auch zur Mischung mit milder schmeckenden Wildfrüchten wie Himbeeren. In Russland hat man früher aus den Früchten ein Gargetränk bereitet.

Achtung! Siehe Hinweis auf S. 119/120, der auch für die Spätblühende Traubenkirsche gilt.

Verwandte Art: Die **Spätblühende Traubenkirsche** *(Prunus serotina)* stammt aus Nordamerika, wächst verwildert an Waldrändern und im Wald oder wird als Ziergehölz angepflanzt. Sie hat ledrige, glänzende Blätter und im Juni weiße Blüten in Trauben. Die blauroten Früchte haben einen glatten Stein. Sie sollten wegen des Gehalts an Blausäure nur in kleinen Mengen und gemischt mit anderen Wildfrüchten zu Kompott oder Konfitüre verarbeitet werden.

Achtung! Einige Sträucher – zum Beispiel Faulbaum *(Frangula alnus)*, Gewöhnlicher Kreuzdorn *(Rhamnus cathartica)* oder Gewöhnlicher Liguster *(Ligustrum vulgare)* – haben giftige Früchte, die ebenfalls kugelig, schwarz und erbsengroß sind. Deshalb stets genau bestimmen.

Süß und stark duften die Blütentrauben der Gewöhnlichen Traubenkirsche.

Traubenkirschen-Konfitüre: S. 142

Schlehdorn
Prunus spinosa

Familie: Rosengewächse (Rosaceae). Zweige mit Dornen besetzt, stark verästelt, in der Jugend meist samtig behaart; Rinde dunkel, später längsrissige Borke. Blätter wechselständig, kurz gestielt, eiförmig-lanzettlich, 2–5 cm lang, am Rand doppelt gesägt, erst nach den Blüten erscheinend. Blüten kurz gestielt, meist einzeln, über die gesamte Zweiglänge verteilt; Kelchblätter 5, unregelmäßig und fein gezähnt; Kronblätter 5, weiß, 5–8 mm lang; duftend; Staubblätter ca. 20, Staubbeutel gelb. Steinfrüchte kugelig, 10–18 mm breit, blau bereift; Fruchtfleisch fest am Stein haftend.
Blüte: März bis April.
Früchte: September bis November.
Höhe: 1–3 m.

Der wegen seiner dunklen Rinde auch Schwarzdorn genannte Strauch wächst verbreitet an Wald-, Feld- und Wegrändern, in Hecken oder an sonnigen Hängen.

Die sauer und herb schmeckenden, zusammenziehend wirkenden **Früchte** eignen sich nicht zum Rohverzehr. Man sammelt sie am besten nach dem ersten Frost (eine Nacht

im Gefrierfach des Kühlschranks hat den gleichen Effekt), da sie dann milder im Geschmack sind. Aus ihnen kann man Kompott, Saft, Gelee (siehe S. 141), Konfitüre (siehe S. 141), Likör und Essig herstellen.
Der anspruchslose Schlehdorn ist im **Garten** auch als Heckenpflanze verwendbar.

Achtung! Siehe Hinweis auf S. 119/120.

Schlehen-Saft: S. 139
Likör: S. 146
Essig: S. 147

Schlehdornblüten verzaubern im Frühling so manchen Waldrand.

Bis in den Winter kann man Schlehen am Strauch finden.

Vogelkirsche
Prunus avium ssp. *avium*

Familie: Rosengewächse (Rosaceae). Borke glänzend, mit Gruppen von Korkwarzen; schält sich an älteren Stämmen in Ringen ab. Blätter wechselständig, eiförmig bis elliptisch, 5–15 cm lang, zugespitzt, am Rand grob und unregelmäßig gesägt; 2 rötliche Drüsen unterhalb der Spreite am Blattstiel. Blüten in doldenartigen Büscheln, vor dem Laubaustrieb erscheinend, 3–5 cm lang gestielt, bis 3 cm breit; Kelchblätter 5; Kronblätter 5, weiß; viele Staubblätter; 1 Fruchtknoten. Steinfrucht kugelig, 8–15 mm breit, rot bis schwarzrot, glatter Stein.
Blüte: April bis Mai.
Früchte: Juni bis August.
Höhe: 15–25 m.

Der Name der Vogelkirsche geht zurück auf die Vorliebe der Vögel für die kleinen, süßen Früchte.

Der Baum oder Strauch kommt verbreitet und im Bergland bis 1700 m Höhe an Waldrändern, in Hecken sowie in Laub- und Mischwäldern vor. Neben den aus Westasien stammenden und bereits von den Römern in Kultur genommenen Kirschenarten ist die Vogelkirsche eine der Stammformen unserer heute kultivierten Süßkirschbäume.
Die im Vergleich mit den Früchten der Süßkirschbäume kleinen und weniger fleischigen **Früchte** der Wildkirsche schmecken süß, aromatisch und etwas bitter. Sie können zwar (ohne Steine) roh genossen werden, eignen sich aber wegen des verhältnismäßig großen Steins und geringen Fruchtfleischanteils insbesondere für die Bereitung von Saft (siehe S. 138), Gelee (siehe 141), Marmelade (siehe S. 141) oder Likör.

Achtung! Siehe Hinweis auf S. 119/120.

Likör: S. 146

Sanddorn
Hippophaë rhamnoides

Familie: Ölweidengewächse (Elaeagnaceae). Zweige verästelt, mit kräftigen Dornen besetzt. Rinde glatt; im Alter rissige Borke. Blätter wechselständig, lanzettlich, 5–6 cm lang, 3–7 mm breit, ganzrandig; oberseits kahl, unterseits silberglänzend behaart. Blüten 2-häusig verteilt, vor den Blättern erscheinend, unscheinbar, ohne Kronblätter, in kopfigen Blütenständen; männliche Blüten graugrün, weibliche Blüten grünbraun. Die »Beeren« sind orangerot, eiförmig und 6–8 mm lang.
Blüte: März bis Mai.
Frucht: September bis Oktober.
Höhe: 3–6 m.

Likör: S. 146

Der Strauch oder kleine Baum kommt verbreitet vor: als Unterart *Hippophaë rhamnoides* ssp. *rhamnoides* an der Küste auf Dünen, als Unterart *Hippophaë rhamnoides* ssp. *fluviatilis* in den Alpen und im Alpenvorland, am Bodensee und im südlichen Rheintal auf Flussschotter und Felsschutthalden.
Die Frucht ist eine Scheinbeere. Sie entsteht aus dem Fruchtknoten und der diesen umschließenden, fleischig gewordenen Kelchröhre und ist somit steinfruchtartig. Die **Früchte** werden beim Sammeln leicht zerquetscht, deshalb ist es sinnvoll, sie behutsam mit einer Schere abzuschneiden. In Gegenden, wo der Gewöhnliche Sanddorn bereits gefährdet ist, wie beispielsweise in Bayern und Baden-Württemberg, sollte man aufs Sammeln in freier Natur verzichten.
Die sauren, sehr vitaminreichen Früchte können roh, gesüßt und mit Sahne, Quark oder Joghurt sowie mit anderen Früchten, etwa in einem Obstsalat, genossen werden. Man verarbeitet die Früchte zu Saft (siehe S. 138) Gelee (siehe S. 141), Mus (siehe S. 143), Konfitüre (siehe S. 141).
Im **Garten** bevorzugt der Sanddorn einen sonnigen Platz sowie leichten, durchlässigen, kalkhaltigen Boden. Wer Früchte ernten will, braucht jedoch neben weiblichen auch männliche Pflanzen.

In der Natur ein seltener Anblick: Sanddornfrüchte.

Kornelkirsche, Gelber Hartriegel
Cornus mas

Familie: Hartriegelgewächse (Cornaceae). Zweige aufrecht; junge Zweige grün, angedrückt behaart, später kahl. Blätter nach den Blüten erscheinend, gegenständig, kurz gestielt, bis 10 cm lang, eiförmig, an beiden Enden zugespitzt, ganzrandig, leicht wellig, auf der Unterseite in den Nervenwinkeln weißlich behaart, 3–5 Blattnervenpaare bogig von der Basis zur Spitze laufend. Blüten gelb, 4-zählig, Kronblätter etwa 2 mm lang; zu 10–25 in etwa 2 cm breiten kugeligen Trugdolden; diese von 4 gelblichen Hüllblättern umgeben. Steinfrucht rot, länglich-eiförmig, 1–2 cm lang.
Blüte: Februar bis April.
Früchte: August bis Oktober.
Höhe: 2–6 m.

Mit der Kornelkirschenblüte endet der Vorfrühling.

Der Strauch oder kleine Baum wächst, bis in Berglagen von 1600 m Höhe, im südlichen Mitteleuropa zerstreut bis selten in trockenen, lichten Wäldern, an Waldrändern und auf felsigen Hängen; nördlich der Mittelgebirge fehlt er oder kommt angepflanzt vor. Die auch Herlitze oder Dirlitze, im bayerisch-österreichischen Sprachraum auch »Dirndlstrauch« genannte Kornelkirsche stammt aus Südeuropa, wird oft in Parks und Gärten gepflanzt, aus denen sie manchmal verwildert. Sie bevorzugt kalkreiche, steinige Böden.

Die saftigen, gerbstoffreichen, säuerlich herb schmeckenden **Früchte** sind ein seit Jahrtausenden geschätztes Wildobst. Sie können in unreifem Zustand wie Oliven in Salzwasser oder Essig eingelegt werden. Man sammelt die reif vom Strauch gefallenen Kornelkirschen und legt sie süßsauer ein, kocht sie zu Saft (siehe S. 138), Gelee (siehe S. 141), Konfitüre (siehe S. 141) oder verarbeitet sie zu Schnaps und Likör. In der Türkei sind Kornelkirschen ein besonders geschätztes Obst; sie werden getrocknet oder kandiert und man bereitet aus ihnen ein erfrischendes Sorbet. Die gerösteten und gemahlenen Samen sollen einst dem aus türkischer Tradition stammenden Wiener Kaffee sein unverwechselbares Aroma gegeben haben.

Der nutzbaren, attraktiven und anspruchslosen Kornelkirsche sollte man im **Garten** einen sonnigen bis halbschattigen Platz geben.

Die reifen Früchte der Kornelkirsche fallen vom Strauch.

Achtung! Verschiedene heimische Wildsträucher haben rote Früchte, die giftig sind. Daher Kornelkirschenfrüchte nur nach sicherer Bestimmung sammeln.

Das fette Öl in den Früchten des Blutroten Hartriegels wurde früher technisch genutzt.

Verwandte Art: Der **Blutrote Hartriegel** *(Cornus sanguinea)* hat weiße Blüten, die im Mai/Juni nach der Laubentfaltung erscheinen und in bis zu 10 cm breiten schirmförmigen Trugdolden stehen. Seine Blätter sind bis 8 cm lang und zeigen ebenfalls 3–5 bogenförmig zur Spitze laufende Nervenpaare. Im Herbst und Winter sind die Zweige blutrot. Die Fruchtreife der erbsengroßen, kugeligen, blauschwarzen Steinfrüchte liegt zwischen Juli und Oktober. Sie schmecken sehr bitter, gelten als ungenießbar oder sogar leicht giftig, wurden allerdings in früheren Zeiten ebenfalls zu Konfitüre und auch Saft verarbeitet.

Likör: S. 146

Bäume und Sträucher 47

Preiselbeere
Vaccinium vitis-idaea

Familie: Heidekrautgewächse (Ericaceae). Stängel aufrecht oder aufsteigend. Blätter immergrün, lederartig, 1–3 cm lang, eiförmig, ganzrandig, am Rand etwas eingerollt, unterseits hellgrün und punktiert. Blüten bis 1 cm lang, in Trauben; Kelch 4-zähnig; Blütenkrone 4-spaltig, glockig, weiß bis rötlich. Beeren glänzend rot, kugelig, 5–8 mm breit.
Blüte: Mai bis August.
Früchte: August bis November.
Höhe: 10–30 cm.

Der Zwergstrauch bevorzugt saure und nährstoffarme Böden. Man findet ihn – bis in Höhen von 2500 m – verbreitet in Kiefern- und Fichtenwäldern, in Mooren und Zwergstrauchheiden. Er ist regional gefährdet.
Die herb-säuerlichen **Früchte** können roh gegessen werden. Insbesondere als Kompott oder Konfitüre (siehe S. 141) sind sie eine beliebte Beilage und Würze zu Wildgerichten, geräuchertem Fisch oder gebackenem Camembert. Sehr schmackhaft sind Mus (siehe S. 143), Saft (siehe S. 138), Gelee (siehe S. 141) und Likör.
Im **Garten** gedeiht die Preiselbeere an einem sonnigen bis halbschattigen Platz.

Verwandte Arten: Die **Immergrüne Bärentraube** *(Arctostaphylos uva-ursi)* findet man zerstreut bis selten in Kiefernwäldern und auf Heiden. Sie hat immergrüne, am Rand nicht umgerollte, unterseits unpunktierte Blätter.

Ihre roten, 6–8 mm breiten Früchte schmecken mehlig und fade. In Deutschland stark gefährdet und daher gesetzlich besonders geschützt.
Die in Hochmoorgebieten, im Norden und in den Alpen verbreitete, sonst zerstreut bis selten vorkommende **Kleinfrüchtige Moosbeere** *(Vaccinium oxycoccos,* syn. *Oxycoccus palustris)* hat fadendünne, bis 80 cm lange Stängel und immergrüne, am Rand umgerollte, 3–8 mm lange Blätter. Die Kronzipfel der rosaroten Blüten sind zurückgeschlagen. Ihre roten, kugeligen, 5–15 mm breiten Früchte schmecken sehr herb-sauer, gekocht ähnlich wie Preiselbeeren. In Deutschland gefährdet, daher Moosbeeren wie Bärentrauben-Früchte nicht sammeln.

Preiselbeeren am Zwergstrauch.

Herbstkuchen: S. 138
Likör: S. 146

Heidelbeere, Blaubeere
Vaccinium myrtillus

Familie: Heidekrautgewächse (Ericaceae). Stängel aufrecht, kantig, grün, verästelt. Blätter wechselständig, kurz gestielt, 1–3 cm lang, eiförmig, zugespitzt, am Rand schwach gesägt, beiderseits grün, im Herbst blutrot. Blüten meist einzeln in den Blattachseln; Krone kugelig bis glockig, rötlichgrün, etwa 5 mm breit. Beeren kugelig, 5–8 mm breit, blauschwarz, hellblau bereift, Fruchtfleisch und Saft (Achtung: stark färbend) dunkelrot.
Blüte: Mai bis Juni.
Früchte: Juli bis September.
Höhe: 15–50 cm.

Der Zwergstrauch, der wegen der Farbe seiner Früchte regional auch Schwarzbeere genannt wird, besiedelt verbreitet bodensaure Laub- und Nadelwälder und steigt in den Alpen sogar bis in Höhen von 2500 m (Zwergstrauchregion) hinauf.

Die aromatischen und nur leicht säuerlichen **Früchte** sind roh, auch vermischt mit Milch, Buttermilch oder Quark, sehr schmackhaft. Für viele Wildtiere sind sie eine wichtige Nahrung, und deshalb ist bei diesen bodennah wachsenden Früchten besonders an die Gefahr einer Infektion mit Eiern des Fuchsbandwurms zu denken. Wer sicher gehen will, erhitzt die Beeren und verarbeitet sie zu Kuchen, Kompott, Saft (siehe S. 138), Konfitüre (siehe S. 141) oder Likör. Heidelbeeren schmecken auch im Rohr in Pfannkuchenteig gebacken, als Krapfenfüllung, in Aufläufen oder – gemischt mit anderen Früchten – in Roter Grütze.

Im **Garten** gedeiht die Heidelbeere an einem sonnigen bis halbschattigen Platz. Sie bevorzugt sauren Boden.

Verwandte Arten (Zwergsträucher mit ähnlichen Früchten und an ähnlichen Standorten): Die **Rauschbeere** *(Vaccinium uliginosum)*, die in den Alpen verbreitet, sonst zerstreut wächst, hat ganzrandige, verkehrt-eiförmige, unterseits blaugrüne Blätter. Das Fruchtfleisch ihrer blau bereiften Früchte ist im Gegensatz zu den Heidelbeeren farblos. Die

Zweige der Rauschbeere mit Früchten.

Bäume und Sträucher 49

Beim Sammeln von Zwergsträucherfrüchten – hier Heidelbeeren – ist besondere Rücksicht auf die oft störanfälligen Standorte zu nehmen.

Rauschbeeren schmecken fad. Deswegen und auch weil die Pflanze in vielen Regionen in ihrem Bestand gefährdet ist, sollte auf das Sammeln verzichtet werden. Zudem können durch Giftstoffe, die wahrscheinlich von einem schmarotzenden Pilz verursacht werden, nach dem Verzehr größerer Mengen Schwindel, Übelkeit und Erbrechen auftreten.
Die zweihäusige **Schwarze Krähenbeere** *(Empetrum nigrum)* mit graubraunen, manchmal rötlichen Zweigen und wintergrünen, nadelförmigen Blättern hat beerenartige, glänzend schwarze Steinfrüchte. Sie gelten, im Gegensatz zu den anderen Pflanzenteilen, als ungiftig. Der Zwergstrauch kommt im Norden verbreitet, in den Mittelgebirgen zerstreut, sonst selten vor oder fehlt. Die nach dem Frost geernteten Früchte hat man vor allem zu Gelee verarbeitet. In Gegenden, wo die Pflanze gefährdet ist, sollte man ihre Früchte nicht sammeln.

Herbstkuchen: S. 138
Likör: S. 146

Schwarzer Holunder
Sambucus nigra

Familie: Geißblattgewächse (Caprifoliaceae). Borke grau, warzig, unangenehm riechend, Mark der Zweige weiß. Blätter gegenständig, unpaarig gefiedert mit 5–9 Blattfiedern; diese 5–10 cm lang, eiförmig bis lanzettlich, unterseits schwach behaart, am Rand ungleich gesägt. Blüten in endständigen, flachen, 10–20 cm breiten Trugdolden mit meist 5 Hauptstrahlen; duftend, zwittrig, 5-zählig, mit Kelch; Krone radförmig ausgebreitet, gelblichweiß, 5–8 mm breit. Fruchtstand hängend; Steinfrucht beerenartig, kugelig, 5–6 mm groß, schwarzviolett, glänzend, mit meist 3 Steinen.
Blüte: Mai bis Juli.
Früchte: September.
Höhe: 2–7 m.

Blühender Schwarzer Holunder an typischem Standort in Menschennähe.

Der Strauch oder kleine Baum wurde insbesondere in früheren Zeiten häufig in die Nähe menschlicher Wohnungen gepflanzt. Man findet ihn auch als Nährstoffzeiger in fast ganz Europa an Waldrändern, in Auwäldern, feuchten Laub- und Mischwäldern, in Gebüschen, auf Viehweiden und Schuttplätzen. Er steigt im Bergland bis in Höhen von 1600 m.
Die **Blüten** werden für die seit alten Zeiten beliebte Kultspeise »Hollerküchlen«, als Aromatisierung von Desserts und Essig, zur Bereitung von Milchgetränken, Limonade, Sirup, Holundersekt verwendet.

Die reifen **Früchte**, die sich gut mit Äpfeln, Quitten und Zwetschgen »vertragen«, werden zu Saft (siehe S. 138), Gelee (siehe S. 141), Mus (siehe S. 143) oder Konfitüre (siehe S. 141) verarbeitet.
Stickstoffreicher Boden und ein halbschattiger Platz ist im **Garten** für den einst bei jedem Bauernhaus stehenden Strauch richtig.
Er galt als die »Hausapotheke des Bauern«, denn die Blüten und Früchte hat man auch als Heilmittel genutzt. In der modernen Phytotherapie werden die getrockneten Holunderblüten, auch gemischt etwa mit Lindenblüten,

als schweißtreibendes Mittel zur Abwehr drohender Erkältungskrankheiten verwendet.

Achtung! Unreife und ungekochte Früchte sollten nicht genossen werden, da sie Beschwerden wie Übelkeit und Erbrechen hervorrufen können.
Nicht verwechseln: Der giftige, krautige, bis 2 m hohe, stinkende Zwergholunder *(Sambucus ebulus)* hat einen aufrechten Fruchtstand.

Verwandte Art: Der **Traubenholunder** oder **Rote Holunder** *(Sambucus racemosa)* ist 2–4 m hoch, das Mark seiner Zweige gelbbraun. Die Blüten mit grünlichgelber, bis zu 5 mm breiter Blütenkrone entfalten sich im April und Mai; sie sind in ei- oder kegelförmigen, bis 6 cm breiten Rispen angeordnet. Die scharlachroten, kugeligen Früchte erscheinen zwischen Juni und August. Der Kalk meidende Strauch besiedelt Bergwälder, Gebüsche, Waldlichtungen. Im Gebirge bis 1900 m verbreitet, sonst zerstreut bis selten.

Achtung! Früchte nur gekocht verwenden, Steinkerne (enthalten schleimhautreizende Stoffe) unbeschädigt entfernen.

Pudding: S. 134
Hollerkücherl: S. 135
Holunderblüten-Sirup: S. 140
Holunderblüten-Limonade: S. 145
Holunder-Sekt: S. 145
Likör: S. 146
Essig: S. 147

Die Früchte des Roten Holunders reifen bereits im Hochsommer.

Stark färbend: Früchte des Schwarzen Holunders.

Kräuter – Ackerland, Siedlungen

Große Brennnessel
Urtica dioica

Familie: Brennnesselgewächse (Urticaceae). Stängel 4-kantig, unverzweigt. Blätter 5–10 cm lang, gegenständig, mit flaumig behaartem Blattstiel, eiförmig bis länglich, am Grund herzförmig, lang zugespitzt, am Rand grob gesägt. Stängel und Blätter mit Brennhaaren und Borstenhaaren besetzt. Blüten in den oberen Blattachseln unscheinbar, grünlich, in Rispen. Pflanze 2-häusig; Rispen mit weiblichen Blüten graugrün und nach der Befruchtung hängend; Rispen mit männlichen Blüten gelblichgrün und schräg nach oben gerichtet. Bei trockenem Wetter kann bei männlichen blühenden Pflanzen Aufreißen der Staubbeutel und Fortschleudern des Blütenstaubs beobachtet werden.
Blüte: Juni bis November.
Höhe: 30–150 cm.

Die Große Brennnessel zeigt nährstoffreichen Boden an und wächst oft in Herden.

Mit ihrem verzweigten Wurzelstock, der im Frühjahr viele Sprosse treibt, wächst die ausdauernde Große Brennnessel oft in größeren Gruppen an Wegrändern, feuchten Waldstellen, Ufern und auf Brachland. Sie bevorzugt stickstoffreiche Böden, kommt deshalb insbesondere auch im Siedlungsbereich des Menschen, etwa an Zäunen, Schuttstellen und Abfallplätzen vor und gilt als typisches »Unkraut«. Die sehr häufige Pflanze siedelt auf der gesamten nördlichen Halbkugel; in den Alpen steigt sie bis 3000 m Höhe.
Die Brennhaare sind flaschenförmige und oben mit einem Köpfchen endende Gebilde, die etwas in die Oberhaut der Pflanze eingesenkt sind. Durch Mineraleinlagerungen ist die Wand des Brennhaares versteift und zwar bis knapp unterhalb des Köpfchens, das bei Berührung deshalb leicht abbricht. Das starre

Ende des Haares dringt nun ähnlich einer Injektionsnadel in die Haut des Berührenden ein und entlässt dort den Inhalt des Haares. Er besteht aus einem Gemisch verschiedener Stoffe: unter anderem Histamin, Ameisensäure, Acetylcholin sowie ein noch nicht bekannter für das Brennen und die Quaddelbildung verantwortlicher Giftstoff.

Im März und April sammelt man die jungen **Sprosse,** später einzelne junge **Blätter** zur Verwendung in Suppen (siehe S. 125), zur Bereitung eines »Brennnesselspinat« genannten Wildgemüses (siehe S. 127), von Brennnessel-Knödeln, -Gnocchi oder -Spätzle. Man kann Brennnesselblätter auch trocknen (siehe S. 119) und als Gewürz verwenden. Beliebt war früher der Brennnessel-Essig, den man in einem Holzfass oder größeren Tongefäß aus zerkleinerten getrockneten Brennnesseln, Äpfeln und Wein durch Gärung gewonnen hat. Brennnessel gehört in das früher als Kultspeise verzehrte Gründonnerstagsgemüse.

Verwandte Art: Die früher ebenfalls häufige **Kleine Brennnessel** *(Urtica urens)* ist in den letzten Jahrzehnten seltener geworden. Ihre eiförmigen Blätter sind nicht zugespitzt, sondern stumpf; der Blattgrund ist niemals herzförmig, sondern leicht keilförmig in den Stiel

Die Kleine Brennnessel ist einjährig.

verschmälert. Blätter und Stängel sind ebenfalls mit Haaren, und zwar ausschließlich Brennhaaren, bestanden. Die Kleine Brennnessel ist 1-jährig. Ihre Blütenrispen enthalten männliche und weibliche Blüten (1-häusig). Wegen des Strukturwandels in der Landwirtschaft – die Kleine Brennnessel besiedelt gern Ränder von Misthaufen und Jauchegruben – sind die Standorte seltener geworden und man findet die Pflanze nur noch zerstreut. Sie kann wie die Große Brennnessel gesammelt und verwendet werden.

Wildspinat-Strudel: S. 127
Kräuter-Spaghetti: S. 129
Frischkäse-Torte: S. 130
Kartoffelgratin: S. 131
Brennnessel-Knödel: S. 132

Gänsefingerkraut
Potentilla anserina

Familie: Rosengewächse (Rosaceae). Grundblätter in Rosette, unterbrochen 7–12-paarig gefiedert, bis 20 cm lang; Blattfiedern länglich, verkehrt-eiförmig bis elliptisch, tief gesägt, 1–4 cm lang, unterseits seidig behaart, oberseits grün. Stängel aus den Achseln der Grundblätter entspringend; ausläuferartig, 15–80 cm lang, oft rötlich überlaufen, an den Knoten wurzelnd. Blüten einzeln, endständig an 10–30 cm langen Stielen, 2–3 cm breit; Außenkelchblätter 5; Kelchblätter 5; Kronblätter 5, goldgelb, rundlich, 7–10 mm lang, etwa doppelt so lang wie der Kelch; Staubblätter etwa 20.
Blüte: Mai bis Juli.
Höhe: 10–30 cm.

Die mit einem kurzen, dicken Wurzelstock ausdauernde Pflanze kann mit Hilfe ihrer lebhaften Ausläuferbildung an ihren Standorten oft große Flächen überziehen. Sie bevorzugt nährstoffreiche, verdichtete Lehmböden und wächst, in fast ganz Europa, an Wegen, Bahndämmen und Ufern, auf Schuttplätzen, Pferde- und Gänseweiden sowie in Gärten. Die jungen, zarten, kräftigwürzig schmeckenden **Blätter** werden vor der Blüte gesammelt und, auch zusammen mit anderen Kräutern, zu Kräutersuppe (siehe S. 125) oder Wildgemüse (siehe S. 127) verarbeitet. Die Blätter dienten früher auch als Futter für junge Gänse.

Dinkelsuppe: S. 125

Mit seinem zähen Kriechstängel ist das Gänsefingerkraut eine Trittpflanze.

Gewöhnliche Nachtkerze
Oenothera biennis

Familie: Nachtkerzengewächse (Onagraceae). Blütenstängel kantig, meist unverzweigt oder höchstens im oberen Teil verzweigt, spärlich behaart. Grundblätter in Rosette, gestielt, länglich, bis 15 cm lang, verkehrt-eiförmig, flaumig behaart, oft rot überlaufen; Stängelblätter kurz gestielt bis sitzend, länglich-lanzettlich, fein gezähnt, spärlich behaart. Blüten 3–5 cm breit, in endständiger, aufrechter Traube, duftend; Kelchblätter 4, zurückgeschlagen; Kronblätter 4, gelb; Staubblätter 8; Fruchtknoten 1, mit 4-teiligem Griffel. Kapselfrucht 4-kantig, mit sehr vielen kleinen Samen.
Blüte: Juni bis September.
Höhe: 60–150 cm.

Nachtkerzenblüten werden in der Regel von Nachtfaltern bestäubt.

Pfahlwurzel der Gewöhnlichen Nachtkerze.

Die Blüten öffnen sich abends und schließen sich am nächsten Vormittag. Die 2-jährige Nachtkerze ist eine Volllichtpflanze und besiedelt verbreitet Bahndämme, Ufer, Wegränder und Brachland. Sie bevorzugt steinige oder sandige Lehmböden. Um 1614 kam der Einwanderer aus Nordamerika nach Europa, wo er fast überall eingebürgert ist. Die Volksnamen »Schinkenwurzel«, »Rapontika« oder »Gelbe Rapunzel« weisen darauf hin, dass man die Pflanze als Wurzelgemüse geschätzt und sie auch in Gärten kultiviert hat. Früher hieß es: »Ein Pfund Schinkenwurzel gibt mehr Kraft als ein Zentner Ochsenfleisch.«
Die lange **Wurzel** ist dick, rübenförmig und außen rötlich gefärbt. Man erntet sie im Herbst des ersten oder im Frühjahr des zweiten Jahres. Zur Erntezeit ist nur die Rosette mit den (zur Blütezeit meist schon verdorrten) Grundblättern vorhanden, noch nicht der Blütenstängel. Die recht mild schmeckende Nachtkerzenwurzel kann man zu Wurzelgemüse oder zu

einem Salat verarbeiten. Die gekochte, in Scheiben geschnittene und mit Essig und Öl zubereitete Wurzel nannte man »Schinkensalat«. Gut verträgt sich Nachtkerzenwurzel auch mit Pastinak, Möhren oder Sellerie. Im **Garten** lassen sich die Pflanzen an sonnigen Plätzen mit eher sandigem Boden leicht ziehen. Durch üppige Selbstaussaat können die attraktiven Pflanzen an ihnen zusagenden Plätzen ziemlich lästig werden.

Achtung! Um Verwechslungen mit Rosetten anderer, auch giftiger Pflanzen zu vermeiden: Neben abgeblühten Nachtkerzen findet man meist auch Nachtkerzen im Rosettenstadium.

Nachtkerzen-Wurzel in Sahne: S. 128

Pastinak
Pastinaca sativa

Familie: Doldengewächse (Apiaceae). Wurzel spindelförmig, gelblichbräunlich, innen weiß, etwa 1 cm dick und 10 cm lang. Stängel aufrecht, kantig gefurcht, im oberen Teil verzweigt, kurzhaarig, anfangs markhaltig, später hohl. Blätter wechselständig, meist einfach gefiedert, Fiedern eiförmig bis länglich, am Rand unregelmäßig gekerbt, bis 5 cm lang; zerrieben stark nach Möhren duftend; oberseits glänzend dunkelgrün, unterseits schwach behaart; Grundblätter gestielt, Stängelblätter fast sitzend. Blüten leuchtend gelb, klein, in 3–10 cm breiten Dolden; Doldenstrahlen 5–20, ungleich lang gestielt; Hülle und Hüllchen fehlend oder 1–2-blätterig und bald abfallend. Frucht rundlich-oval, 5–8 mm lang, breit geflügelt.
Blüte: Juli bis September.
Höhe: 30–100 cm.

Der 2-jährige Pastinak besiedelt verbreitet Weg- und Straßenränder, trockene Wiesen, Böschungen, Brachflächen.
Bis ins 18. Jahrhundert war Pastinak auch in Deutschland eine beliebte Kulturpflanze. Die heute meist in und bei Ortschaften vorkommenden Wildpflanzen sind wahrscheinlich verwilderte Nachkommen von Kulturpflanzen. Es ist unsicher, ob Pastinak auch als Wildpflanze ursprünglich in Mitteleuropa heimisch war. Heute wird Pastinak insbesondere in England und Frankreich kultiviert, in Deutschland nur noch selten. Die **Wurzel** der Kulturform ist eine bis zu 8 cm dicke, 40 cm lange und bis 1,5 kg schwere Rübe.
Die **Wurzel** des wilden Pastinaks gräbt man vorzugsweise am Ende des 1. (oder im Frühjahr des 2. Jahres), wenn die Pflanze zunächst nur die Blattrosette gebildet hat. Man kann die stark möhrenartig schmeckende Wurzel als Suppenwürze verwenden oder,

Kräuter – Ackerland, Siedlungen 57

Die dünne, nach Möhren schmeckende Wurzel des Pastinaks (Wildform).

Oft unbeachtet in Siedlungsnähe und am Straßenrand: Pastinak.

insbesondere zusammen mit Möhren und Kartoffeln, als Gemüse (siehe S. 128) kochen. Die jungen **Blätter** vor der Blüte würzen Salate und Suppen. Die **Früchte** sammelt man im Herbst. Sie würzen, getrocknet und am besten zerrieben, Salate, Suppen, Sauerkraut, Essiggurken.
Im **Garten** braucht die Kulturform *Pastinaca sativa* ssp. *sativa* einen nährstoffreichen und lockeren Boden.

Achtung! Es gibt eine Reihe sehr stark giftiger Doldengewächse mit weißen Blüten. Daher: Pastinak nur sammeln und verwenden, wenn man völlig sicher ist, die gesuchte Pflanze vor sich zu haben.
Bei entsprechend veranlagten Personen kann Pastinak Überempfindlichkeitsreaktionen, auch Hautreizungen allein durch Berührung, insbesondere bei gleichzeitiger Einwirkung von Sonnenlicht, hervorrufen.

Gewöhnliches Hirtentäschelkraut
Capsella bursa-pastoris

Familie: Kreuzblüter (Brassicaceae). Stängel einfach oder ästig. Grundblätter in Rosette, gestielt, länglich, buchtig gelappt oder fiederteilig (oder auch ungeteilt); Stängelblätter wechselständig, sitzend, stängelumfassend mit pfeilförmigem Grund, oberste ungeteilt. Blüten in endständigen, deckblattlosen Trauben; Blütenkronblätter 4, weiß, 2–3 mm lang. Schötchen 3-eckig bis verkehrt-herzförmig, vielsamig.
Blüte: März bis November, bei milder Witterung auch im Winter.
Höhe: 5–50 cm. Sehr veränderlich und vielgestaltig im Aussehen!

Die 1- oder 2-jährige Pflanze gilt als Unkraut auf Kulturland und kommt auf Äckern und Brachflächen, an Wegrändern und in Gärten vor. Als Stickstoffzeiger bevorzugt sie frische, nährstoffreiche Lehmböden. Das Hirtentäschelkraut besiedelt ganz Europa und steigt in den Alpen bis 2000 m hinauf.
Die frischen, jungen, vor der Blüte gesammelten **Blätter,** insbesondere der Rosette, können ganzjährig, besonders aber im Frühling, für Salate (siehe S. 121), Quark, Saucen oder Wildgemüse (siehe S. 127) genommen werden. Sie schmecken leicht scharf und eignen sich auch zur Mischung mit anderen Wildkräutern. Früher aßen Kinder gern die kleinen taschenförmigen Früchte und verwendeten diese im Spiel als »Geld«.

Vom frühen Frühjahr bis zum Spätherbst ein häufiger Anblick: Hirtentäschelkraut mit Blüten und Früchten.

Wildkräuter-Quark: S. 123
Kräuter-Sahne-Sauce: S. 134

Wilde Malve
Malva sylvestris

Familie: Malvengewächse (Malvaceae). Stängel ästig, anliegend oder abstehend behaart, oft niederliegend. Blätter lang gestielt, 5–7-lappig, rundlich, am Rand gekerbt, spärlich behaart. Blüten lang gestielt, zu 2–6 in den Blattachseln, 2,5–4 cm breit; Kelch 5-spaltig, 4–8 mm lang, grün, von einem 3-blättrigen Außenkelch umgeben; Kronblätter 5, rosarot, tief ausgerandet, verkehrt-eiförmig, mit dunklen Streifen, 3–4-mal so lang wie der Kelch; zahlreiche Staubblätter zu einer Säule verwachsen. Frucht von oben und unten zusammengedrückt; bei der Reife in 1-samige, scharf berandete, an der Oberfläche runzelige Teilfrüchte zerfallend.
Blüte: Mai bis September.
Höhe: 25–120 cm.

Wegen ihrer attraktiven Blüten ist die Wilde Malve auch eine geschätzte Garten-Zierpflanze.

Die 2- bis mehrjährige Wilde Malve siedelt, bis in 1800 m Höhe, als Stickstoffanzeiger verbreitet an Wegrändern, Mauern, Zäunen, auf Schuttplätzen und Brachflächen.
Die jungen, vor der Blüte gesammelten **Blätter** werden zu Wildkräuter-Suppen (siehe S. 125) oder Wildgemüse (siehe S. 127) verarbeitet.
Die **Blüten** – ohne grüne Teile – verzieren frisch oder kandiert Salate oder andere Speisen. Kinder haben früher die Früchte geschätzt und aßen sie roh als »Käse«. Den Namen »Pappel« oder »Rosspappel« verdanken die Malven ihrem hohen Pflanzenschleimgehalt.

Im **Garten,** wo sie einen sonnigen Platz und lockere, nährstoffreiche Erde mag, wird die Wilde Malve seit Jahrhunderten als Zier- und Heilpflanze kultiviert.

Verwandte Art: Die noch weiter verbreitete 1- bis mehrjährige Wegmalve *(Malva neglecta)* oder Käsepappel kommt an ähnlichen Standorten vor. Sie ähnelt im Aussehen der Wilden Malve, wird jedoch nur 20–40 cm hoch, hat undeutlich 5–7-lappige Blätter und etwa 2 cm breite hellrosa Blüten mit dunkleren Streifen. Sie kann wie die Wilde Malve verwendet werden.

Kandierte Blüten: S. 149

Vogelmiere, Vogel-Sternmiere
Stellaria media

Familie: Nelkengewächse (Caryophyllaceae). Stängel rund, einreihig behaart, niederliegend bis aufsteigend, verästelt, bis 90 cm lang. Blätter gegenständig, eiförmig, mit kurzer Spitze; untere Blätter gestielt. Blüten etwa 5 mm breit, in lockeren Trugdolden; Kelchblätter 5, 3–5 mm lang; Kronblätter 5 (manchmal fehlend), weiß, etwa so lang wie die Kelchblätter, tief 2-spaltig; Staubblätter 3–5, 1 Fruchtknoten mit 3 Griffeln.
Blüte: (Januar) März bis Oktober (Dezember).
Höhe: 5–30 cm.

Die 1-, manchmal auch 2-jährige Vogelmiere bedeckt in ganz Europa oft größere Flächen an stickstoffreichen Plätzen wie Gärten, Äcker, Schuttplätze, Brachflächen, Wegränder. Auf Kulturland gilt sie als lästiges Unkraut. Im Bergland steigt die Pflanze bis 1800 m hinauf. Bei milder Witterung findet man auch im Winter frisch grüne, blühende und fruchtende Pflanzen der wegen ihrer Beliebtheit beim Federvieh und der langen, verästelten Stängel auch »Weißer Hühnerdarm« genannten Vogelmiere.
Die **Blätter** und **Stängel** (samt Blüten) können das ganze Jahr über gesammelt werden. Sie schmecken mild und eignen sich deshalb auch zum Mischen mit strenger schmeckenden Wildkräutern. Zubereitet werden sie als Salat (siehe S. 121), Suppe (siehe S. 125) und Wildgemüse (siehe S. 127). Zu dicke Stängel sollten zuvor ausgelesen werden.

Achtung! Nicht verwechseln: Einreihige Stängelbehaarung fehlt den kulinarisch nicht verwendbaren anderen Sternmieren und den Hornkraut-Arten *(Cerastium)*. Giftig ist der an ähnlichen Standorten vorkommende Ackergauchheil *(Anagallis arvensis)*. Ab Juni erscheinen seine ziegelroten, 1 cm breiten Blüten. Sein Stängel ist 4-kantig.

Die Vogelmiere blüht bei milder Witterung auch mitten im Winter.

Dinkelsuppe: S. 125

Taubenkropf-Leimkraut
Silene vulgaris

Familie: Nelkengewächse (Caryophyllaceae). Stängel verzweigt, meist aufrecht, oft blau- oder graugrün; Blätter gegenständig, blaugrün, eiförmig bis lanzettlich, kahl oder nur wenig behaart, nicht klebrig, 2–6 cm lang. Blüten zwittrig oder 1-geschlechtlich und 2-häusig verteilt, in lockerem, gabelig verzweigtem Blütenstand. Kelch 12–20 mm lang, grünlichweiß, von 20 Längsstreifen durchzogen, eiförmig bis kugelig aufgeblasen; Kronblätter 5, weiß, 15–25 mm lang, tief 2-spaltig. Kapselfrucht gestielt, fast kugelig, vielsamig, zur Reifezeit vom Kelch umschlossen.
Blüte: Mai bis September.
Höhe: 20–60 cm.

Der mit einem Wurzelstock ausdauernde Taubenkropf, dessen Name vom aufgeblasenen Kelch abgeleitet ist, besiedelt verbreitet Wegränder, Böschungen, trockene Wiesen und Magerrasen; er steigt im Bergland bis zu einer Höhe von 2200 m hinauf.
Der Name Leimkraut leitet sich von einer drüsig klebrigen Behaarung der obersten Stängelabschnitte mancher Arten dieser Gattung – etwa beim Nickenden Leimkraut – ab.
Die jungen **Blätter** und **Sprosse** werden vor der Blüte gesammelt und, gemischt mit anderen Wildkräutern, für Wildsalate (siehe S. 121), Wildkräuter-Suppen (siehe S. 125) und Wildgemüse (siehe S. 127) verwendet.

Der »Knall« des zerplatzenden Kelchs machte einst Taubenkropfblüten bei Kindern beliebt.

Weißer Gänsefuß
Chenopodium album

Familie: Gänsefußgewächse (Chenopodiaceae). Pflanze, besonders die Blätter, oft mehlig bestäubt. Stängel aufrecht oder niederliegend, ästig, manchmal rötlich überlaufen. Blätter blaugrün, bis 12 cm lang und 10 cm breit; Stiel meist kürzer als die Blattfläche; untere Blätter ei- bis rautenförmig, am Rand gezähnt; obere Blätter lanzettlich, meist ganzrandig und spitz. Blüten in Knäueln; diese zu achsel- und endständigen Blütenständen vereinigt. Blütenhülle 5-teilig, mehlig bestäubt, grünlich; nach dem Verblühen vergrößert und oft rötlich, die 1-samige Nussfrucht umhüllend. Die Pflanze riecht leicht aromatisch.
Blüte: Mai bis August.
Höhe: 20–120 cm.

Der 1-jährige Weiße Gänsefuß wächst in ganz Europa in Gärten, an Wegrändern, auf Schuttplätzen und anderen Ruderalstandorten sowie – als Unkraut »Melde« genannt – auf Äckern. Die Pflanze bevorzugt lockere, stickstoffreiche Lehm- und Sandböden.
Die mild schmeckenden jungen **Blätter** und junge **Sprossspitzen** können vom Frühjahr bis in den Herbst hinein gesammelt und vielfältig verwendet werden: für Salat (siehe S. 121), Kräutersuppe (siehe S. 125), als Wildgemüse (siehe S. 127) ähnlich wie Spinat. Der Weiße Gänsefuß gehört zu den Pflanzen, die man, wie beispielsweise auch Guten Heinrich, Gemüseamaranth oder Gemüseampfer, vor Einführung des Spinats als spinatartiges Gemüse verwendet hat.
Die durch Reiben von den Hüllen befreiten Früchte lassen sich zu einer Art Mehl vermahlen, das im Geschmack an Buchweizen erinnert und das man, vor allem in Notzeiten, zusammen mit Roggenmehl zu einem Brot (»Notbrot« oder »Hungerbrot«) verbacken hat.

Verwandte Arten: Ähnlich aussehende, aber unangenehm riechende und schmeckende Gänsefußarten: Stinkender Gänsefuß *(Chenopodium vulvaria)*, Bastardgänsefuß *(Ch. hybridum)*, Mauergänsefuß *(Ch. murale)*.

Bei verschiedenen Vögeln sind die kleinen Samen des unscheinbar blühenden Weißen Gänsefußes als Nahrung beliebt.

Dinkelsuppe: S. 125

Guter Heinrich
Chenopodium bonus-henricus

Familie: Gänsefußgewächse (Chenopodiaceae). Pflanze leicht mehlig bestäubt, klebrig. Stängel kantig, wenig verzweigt, wechselständig beblättert, aus grundständiger Blattrosette aufsteigend. Blätter lang gestielt, 5–10 cm lang, 3-eckig spießförmig, am Rand leicht geschweift; anfangs mehlig bestäubt, später dunkelgrün. Blüten grünlich, unscheinbar, zwittrig oder weiblich; Blütenhülle 4–5-teilig; Blüten in Knäueln, diese in reichblütiger, endständiger, an der Basis beblätterter Rispe.
Blüte: April bis Oktober.
Höhe: 10–60 cm.

Galt einst als guter Geist von Haus und Siedlung: der Gute Heinrich.

Der mit einem kurzen Rhizom und einer langen rübenförmigen Pfahlwurzel ausdauernde Gute Heinrich besiedelt als Stickstoffzeiger verbreitet Schuttplätze, Wegränder, Zäune, Viehläger, Düngerstätten und steigt in den Alpen bis über 2000 m hinauf. Er war früher eine Charakterpflanze der Dörfer und Dorfstraßen; wegen des Strukturwandels in der Landwirtschaft geht er heute stark zurück und ist nach Roter Liste in der Bundesrepublik Deutschland bereits gefährdet (Kategorie 3). Man sollte daher auf das Sammeln verzichten und auf Gartenpflanzen zurückgreifen.
Die vor der Blüte geernteten **Blätter** werden für Wildkräuter-Suppen (siehe S. 125) verwendet oder wie Spinat (siehe S. 127) gedünstet. Die jungen **Stängel** kann man wie Spargel oder als Stängelgemüse (siehe S. 128) zubereiten. In der nahe bei den Menschen wachsenden Pflanze sah man früher einen guten und nützlichen Vegetationsgeist verkörpert, der ähnlich einem Heinzelmännchen Haus und Bewohner schützt.
Guter Heinrich lässt sich leicht im **Garten** ziehen, braucht aber nährstoffreichen, am besten mit Kompost gedüngten Boden.

Verwandte Arten: Siehe bei Weißer Gänsefuß, Seite 62.

Gundermann, Gundelrebe
Glechoma hederacea

Familie: Lippenblüter (Lamiaceae). Stängel 4-kantig, am Boden kriechend, an den Knoten wurzelnd, auch im Winter belaubt. Blätter 4–35 mm lang, gestielt, nierenförmig bis rundlich-herzförmig, am Rand gekerbt, kreuzgegenständig, insbesondere im Winter bisweilen rötlich überlaufen. Stängel und Blätter meist zerstreut behaart. Blüten tragende Stängel aufgerichtet; Blüten mit Kelch, zwittrig oder auch mit verkümmerten Staubblättern, in Scheinquirlen in Blattachseln des oberen Stängelteils; Krone aus Ober- und Unterlippe 1–2 cm lang, blauviolett (selten rosa oder weiß), Unterlippe purpurn gefleckt. Die ganze Pflanze duftet stark aromatisch.
Blüte: April bis Juni.
Höhe: 5–40 cm.

Als »angenehm und nützlich« lobte Hildegard von Bingen die Gundelrebe.

Der ausdauernde Gundermann bevorzugt nährstoffreiche, frische bis nasse Böden und einen halbschattigen bis schattigen Standort. Gundermann wächst in ganz Europa an Zäunen und Wegrändern, in Gärten, feuchten Wiesen, Rasen und Wäldern; im Bergland bis in Höhen von etwa 1500 m. Die Ausläuferbildung ermöglicht der Pflanze, oftmals größere Flächen zu besiedeln.
Man sammelt die jungen **Blätter** und **Sprosse** am besten vor der Blüte. Sie würzen frisch oder getrocknet (siehe S. 119) Salate, Suppen, Kartoffelgerichte. Wegen seines scharfwürzigen »Wildgeschmacks« verwendet man Gundermann insbesondere gegart und/oder mit anderen Wildkräutern gemischt in Wildsalaten (siehe S. 121), Kräuterquark, Kräuterbutter, Kräutersuppen (siehe S. 125) oder Wildgemüse (siehe S. 127). Zu Hülsenfrüchten (Bohnen, Sojabohnen, Erbsen, Linsen) passt Gundermann besonders gut.
Die blauvioletten **Blüten** sind eine essbare Dekoration für Salate, Süßspeisen und Desserts. Auch Maiwein (siehe Rezept Seite 145) kann mit ein paar Gundermann-Blüten noch attraktiver gemacht werden.

Achtung! Gundermann nicht in größeren Mengen und nicht zu häufig verzehren. Auch Gundermann galt einst den Menschen als Verkörperung eines guten Haus- oder Seelengeists.

Wildkräuter-Quark: S. 123
Wildkräuter-Butter: S. 123
Bohnenpüree mit Gundermann: S. 124

Weiße Taubnessel
Lamium album

Familie: Lippenblüter (Lamiaceae). Stängel hohl, 4-kantig, kreuzgegenständig beblättert. Blätter gestielt, herz-eiförmig, zugespitzt, am Rand scharf gesägt, 3–7 cm lang. In etagenförmig angeordneten Scheinquirlen jeweils 6–16 Blüten mit honigartigem Duft; Kelch glockenförmig, mit 5 spitzen Zähnchen; Krone gelblichweiß, 20–25 mm lang, mit langer Kronröhre, innen mit schrägem Haarring, helmförmige Ober- und 3-spaltige Unterlippe; 2 längere und 2 kürzere Staubblätter; 1 Fruchtknoten.
Blüte: April bis Oktober.
Höhe: 20–60 cm.

Die Pflanze überdauert mit einem Rhizom, ist ein Stickstoffzeiger und bevorzugt frische, nährstoffreiche Lehmböden. Sie wächst in ganz Europa an Wegen, Zäunen, Hecken oder auf Schuttplätzen.
Da der Nektar am Grunde der Kronröhre unterhalb eines schräg verlaufenden Haarringes liegt, können nur Insekten mit langem Rüssel an ihn gelangen (Hummelblume). Manche Insekten wie die Honigbiene, deren Rüssel

Nektarreich und süß sind die Blüten der Weißen Taubnessel.

zu kurz ist, beißen seitlich Löcher in die Kronröhre und »rauben« so ohne Gegenleistung den Nektar. Die Nektar saugende Hummel drückt, auf der waagrecht stehenden Unterlippe sitzend, ihren Rücken der Oberlippe an und wird so mit dem Pollen der Staubblätter bepudert. Wenn das Insekt anschließend eine andere Taubnesselblüte besucht, streift es mit dem Rücken zunächst den mitgebrachten Pollen an der 2-spaltigen Narbe ab und berührt dann anschließend die Staubbeutel. Die jungen **Blätter** und **Sprosse** vor der Blüte sowie das blühende Kraut verarbeitet man zu Wildsalaten (siehe S. 121), Wildkräuter-Suppen (siehe S. 125), Saucen, Kräuter-Nudeln und -Spätzle und – insbesondere gemischt mit Brennnessel und Spinat – zu Wildgemüse (siehe S. 127). Auch gut geeignet zur Aromatisierung von Essig oder Öl.

Die honigartig duftenden und schmeckenden **Blüten**, aus denen Kinder gern den am Grund der Kronröhre liegenden Nektar saugen, sind eine essbare Garnierung an Aufläufen, Nudel- und Reisgerichten sowie insbesondere an Süßspeisen und Desserts.

Die Weiße Taubnessel ist in vor- oder frühgeschichtlicher Zeit nach Mitteleuropa gekommen (Alteinwanderer). Der Tee aus den vom Kelch befreiten getrockneten Blüten wird in der Schulmedizin verwendet bei Entzündungen der Mund- und Rachenschleimhaut, unspezifischem Ausfluss sowie Katarrhen der Atemwege, volksmedizinisch zudem bei Menstruationsbeschwerden, Nervosität und Schlafstörungen. Mancherorts gehört die Pflanze in das Kräuterbüschel zu Mariä Himmelfahrt (15. August).

Verwandte Art: Auch wenn die Weiße Taubnessel kulinarisch am ergiebigsten ist, können auch andere Taubnessel-Arten in der Küche in ähnlicher Weise Verwendung finden, beispielsweise:
Die **Gefleckte Taubnessel** *(Lamium maculatum)* ähnelt im Aussehen der Weißen Taubnessel, hat jedoch purpurfarbene Blüten mit einer dunkel geflecken Unterlippe.

Die Gefleckte Taubnessel *(Lamium purpureum)* bevorzugt eher schattige und feuchte Standorte.

Wildspinat-Strudel: S. 127
Essig: S. 147
Kräuteröl: S. 147

Kleinblütiges Knopfkraut, Franzosenkraut
Galinsoga parviflora

Familie: Köpfchenblüter (Asteraceae). Stängel aufrecht, rund, verzweigt, im oberen Bereich wenig und kurz anliegend behaart. Blätter gegenständig, eiförmig, zugespitzt, gezähnt, wenig behaart. Blütenköpfchen 3–5 mm breit, in Trugdolden angeordnet; 5–6 weiße, randliche, weibliche Zungenblüten mit 3-zähniger Zunge; im Zentrum gelbe, 5-zipfelige, zwittrige Röhrenblüten; Köpfchenboden mit 3-spaltigen oder ungleich 2-spaltigen Spreublättchen.
Blüte: Mai bis Oktober.
Höhe: 10–80 cm.

Man nimmt die jungen **Blätter** und **Sprosse** zu Salat (siehe S. 121), Kräutersuppen (siehe S. 125) oder Wildgemüse (siehe S. 127).

Verwandte Art: Ähnlich im Aussehen ist das **Behaarte Knopfkraut** *(Galinsoga ciliata)* mit zottig behaartem Stängel und ungeteilten Spreublättern am Köpfchenboden. Es kann in gleicher Weise verwendet werden wie das Franzosenkraut.

Dinkelsuppe: S. 125

Die 1-jährige Pflanze kommt als Unkraut auf Äckern, Schuttplätzen und in Gärten verbreitet vor, sodass es scheint, als würde sie schon seit langem zur mitteleuropäischen Flora gehören. Sie kam jedoch erst am Ende des 18. Jahrhunderts aus Peru in die Botanischen Gärten von Madrid und Paris. Von der im Pariser Botanischen Garten kultivierten Originalpflanze sollen alle oder der überwiegende Teil der in Europa verwilderten Pflanzen abstammen, was den Namen Franzosenkraut erklärt. Auch aus dem Botanischen Garten in Karlsruhe ist das Franzosenkraut »entwichen« und wurde bereits 1805 für die Umgebung von Karlsruhe genannt. Die in großen Mengen erzeugten Samen sind frosthart und bleiben jahrelang keimfähig. Selbst ausgerissene blühende Pflanzen können noch reife Samen erzeugen.

Ein einzelnes Franzosenkraut produziert pro Jahr bis zu 300 000 Samen.

Echter Beifuß
Artemisia vulgaris

Der Echte Beifuß hat unscheinbare Blüten.

Familie: Köpfchenblüter (Asteraceae). Stängel aufrecht, oft bräunlich oder rötlich überlaufen, reich verzweigt. Blätter 5–10 cm lang, am Rand zurückgerollt, auf der Oberseite dunkelgrün und kahl, auf der Unterseite weißfilzig behaart; fiederteilig, mit lanzettlichen Abschnitten, diese bei den oberen Stängelblättern tief gesägt. Blütenköpfe eiförmig, 3–4 mm lang, 2 mm breit, mit filzig behaartem Hüllkelch, weiblichen Randblüten sowie zentralen Zwitterblüten in großen, breit-ästigen Rispen. Köpfchenboden ohne Spreublätter. Blüten gelb oder rötlichbraun, nur wenig aus der Hülle hervorragend. Blätter und Blüten duften aromatisch-würzig.
Blüte: Juli bis Oktober.
Höhe: 50–120 cm.

Der mit einer tief in den Boden eindringenden Wurzel und beblätterten kurzen Trieben ausdauernde Echte Beifuß bevorzugt frische bis feuchte, nährstoffreiche Böden. Er besiedelt in ganz Europa Wegränder, Ödland, Schuttplätze, Ufer, Gebüsch.
Zur Blütezeit, am besten kurz vor Entfaltung der Blüten, schneidet man die oberen **Sprossspitzen,** bündelt sie und hängt sie zum Trocknen auf (siehe S. 119). Beifuß schmeckt bitterwürzig; wer es weniger bitter mag, entfernt vor dem Bündeln die Blätter und trocknet nur die Blütenknospen. Diese können auch frisch als

Würze verwendet werden. Beifuß soll bis ins 18. Jahrhundert in der mitteleuropäischen Küche eine Art Universalgewürz gewesen und ähnlich wie heute die Petersilie verwendet worden sein. In der Gegenwart beschränkt sich Beifuß meist auf das Würzen fetter Fleischspeisen. So gibt man ihn zerrieben an Gänse-, Enten-, Hammel- oder Schweinebraten. Auch Aalgerichte werden damit gewürzt.
Beifuß mag im **Garten** einen sonnigen Platz und ist im Übrigen anspruchslos.

Achtung! Beifuß in der Küche nur zum Würzen verwenden, nicht überdosieren und während der Schwangerschaft auf Beifuß verzichten. Beifußpollen und auch andere Teile der Pflanze sind mögliche Auslöser allergischer Reaktionen.

Verwandte Art: Wermut *(Artemisia absinthium),* dessen Blätter beiderseits graufilzig behaart sind, dient ebenfalls als Gewürz. Er wurde als Kulturpflanze aus dem Süden nach Mitteleuropa gebracht und kommt, eingebürgert, an ähnlichen Standorten verbreitet vor. Der aromatisch-würzig riechende Wermut enthält giftiges Thujon und ist zudem sehr bitter.

Achtung! Wermut (Kraut) in der Küche nur zum Würzen, nur sehr sparsam und nicht während der Schwangerschaft verwenden.

Huflattich
Tussilago farfara

Familie: Köpfchenblüter (Asteraceae). Stängel flockig-wollig behaart, mit rötlichbraunen Schuppenblättern besetzt. Blütenköpfchen einzeln, endständig, 2–2,5 cm breit, mit einreihigem, glockigem Hüllkelch; in der Sonne zu flacher Scheibe ausgebreitet, nachts und bei kühlem, trübem Wetter geschlossen. Randblüten weiblich, zungenförmig, in mehreren Reihen; männliche Röhrenblüten in der Mitte. Früchte mit mehrreihigem, seidigem Pappus. Blätter erst nach der Blüte erscheinend, 10–30 cm breit, grundständig, mit langem und rinnigem Blattstiel, rundlich-herzförmig, leicht eckig, ungleich gezähnt, unterseits grau- bis weißfilzig, oberseits verkahlend.
Blüte: Februar bis April.
Höhe: 10–25 cm (nach der Blütezeit höher).

Der mit einem schuppigen Rhizom ausdauernde Huflattich wächst verbreitet an Wegen und Ufern, in Kiesgruben, auf frischen Erdaufschüttungen, auf feuchten Äckern und Schuttplätzen sowie auf steinigen Matten (bis 2300 m Höhe). Er bevorzugt Ton- und Lehmböden. Da er lange unterirdische Ausläufer bildet, kann er in großen Herden auftreten.

Die Köpfchen öffnen sich morgens bei Sonnenschein und schließen sich am Spätnachmittag und bei trübem Wetter.

Die jungen **Blätter** werden zerkleinert Salaten (siehe S. 121) beigegeben oder klein gehackt auf Butterbrot gelegt. Sie sind auch, gemischt etwa mit Brennnessel und anderen Wildkräutern, Bestandteil von Wildgemüse (siehe S. 127). Insbesondere werden sie gefüllt – ähnlich wie Weißkraut- oder Wirsingblätter – geschätzt: mit einer Hackfleisch-, Reis-, Haferflocken- oder Grießfüllung.

Achtung! Wegen der enthaltenen Pyrrolizidin-Alkaloide nicht zu oft sowie in nicht zu großer Menge verzehren und während der Schwangerschaft darauf verzichten.

Verwandte Art: Ähnlich sind die Blätter der Gewöhnlichen Pestwurz *(Petasites hybridus)*, die ebenfalls vor der Blüte erscheinen. Sie sind bis 1 m lang und bis 60 cm breit, in jungem Zustand unterseits graufilzig behaart (später kahl) und haben abgerundete Lappen. Sie werden in der Küche nicht verwendet.

Schon im Vorfrühling entfaltet der Huflattich seine sonnengelben Blütenköpfe.

Erst nach der Blüte erscheinen die großen Laubblätter des Huflattichs.

Große Klette
Arctium lappa

Familie: Köpfchenblüter (Asteraceae). Stängel gefurcht, markig, ästig. Blätter auf der Unterseite graufilzig behaart; untere bis 40 cm lang, rundlich mit herzförmigem Grund, Blattstiele bis 10 cm lang, mit Mark gefüllt; obere Blätter viel kleiner und viel kürzer gestielt. Purpurrote Röhrenblüten mit weit vorstehenden violetten Staubblättern in lang gestielten, 3–5 cm breiten Köpfchen; diese dicht von zahlreichen schmalen, hakenförmig gekrümmten Hüllblättern umgeben. Reife Fruchtköpfe heften sich als »Kletten« an vorbeistreifende Tiere und Menschen.
Blüte: Juli bis September.
Höhe: 60–150 cm.

Verbreitet bis zerstreut wächst die 2-jährige Große Klette an Wegrändern, Zäunen, Schuttplätzen, Brachflächen und anderen Standorten in Menschennähe.
Man sammelt im Frühjahr, ehe sich Blütenknospen gebildet haben, die jungen **Blätter**. Sie ergeben, auch gemischt mit anderen Wildkräutern, ein schmackhaftes Wildgemüse (siehe S. 127).
Die jungen, sorgfältig geschälten **Stängel** können wie Spargel zubereitet oder zu Stängelgemüse (siehe S. 128) verarbeitet werden. Das Mark gilt als besondere Delikatesse. Die im Sommer (mühsam) gegrabenen Wurzeln lassen sich wie Schwarzwurzeln zubereiten.

Den an Fell (und Kleidung) haftenden Fruchtköpfen verdankt die Große Klette ihren Namen.

Verwandte Art: Auch die Kleine Klette *(Arctium minus)*, mit 1–2 cm breiten Blütenköpfchen und unterseits graugrünen Blättern, kann verwendet werden.

Gewöhnliche Eselsdistel
Onopordum acanthium

Familie: Köpfchenblüter (Asteraceae). Stängel aufrecht, breit stachelig geflügelt, kurz verzweigt, flockig spinnwebig. Blätter wechselständig, länglich-elliptisch, am Rand ungleich buchtig gelappt, sehr stachelig, in jungem Zustand weißwollig überzogen; Stängelblätter mit der Basis am Stängel herablaufend. Blütenköpfe meist einzeln, endständig, 3–5 cm breit; Hüllblätter in einem langen goldgelben Stachel endend. Köpfchenboden fleischig, grubig vertieft, ohne Spreublätter; Einzelblüten purpurrot, röhrig, 5-zipfelig. Früchte 4-kantig, mit rötlichem Pappus.
Blüte: Juli bis September.
Höhe: bis 2 m.

Als »Südländerin« bevorzugt die Eselsdistel warme Standorte.

Die im Mittelmeergebiet beheimatete Eselsdistel kam schon in vor- oder frühgeschichtlicher Zeit nach Mitteleuropa. Sie wurde als Nahrungs-, Heil- und Faserpflanze genutzt. Die 2-jährige Pflanze bevorzugt warme, trockene und kalkreichere Böden und findet sich zerstreut bis selten an Weg- und Straßenrändern, auf Schuttplätzen und Brachland. Die regional gefährdete Eselsdistel sollte nicht gesammelt werden.
Vor der Blüte der Pflanze geerntete junge **Blätter** und **Sprosse** können fein gehackt als Wildgemüse (siehe S. 127) gedünstet werden. Die kurz gekochten und geschälten Stängel (siehe S. 128) werden als Salat bereitet.

Ganz besonders geschätzt sind aber die Böden der jungen **Blütenköpfchen,** die sich wie Artischocken zubereiten lassen. Früher sollen die getrockneten Wurzeln zu einer Art Mehl vermahlen worden sein.
Im **Garten** braucht die Eselsdistel einen warmen und sonnigen Platz sowie trockenen, eher nährstoffarmen Boden.

Verwandte Arten: Verschiedene ähnlich aussehende »Disteln« mit roten Blütenköpfen wie Nickende Distel *(Carduus nutans)* oder Lanzett-Kratzdistel *(Cirsium vulgare)* werden kulinarisch wie beschrieben in gleicher Weise verwendet.

Gewöhnliche Wegwarte
Cichorium intybus

Familie: Köpfchenblüter (Asteraceae). Stängel sparrig-ästig, rau behaart oder kahl, im oberen Teil nur wenig beblättert. Grundblätter in Rosette, schrotsägeförmig (ähnlich wie Löwenzahnblätter), in den Blattstiel verschmälert, unterseits borstig behaart; obere Blätter ungeteilt, lanzettlich, den Stängel halb umfassend. Blütenköpfe zahlreich, 3–5 cm breit, endständig oder sitzend, einzeln oder in kleinen Gruppen, von 2 Reihen Hüllblättern umgeben. Blüten himmelblau (bisweilen auch rosa oder weiß), zungenförmig, zwittrig. Früchte kantig, ohne Pappus. Die Pflanze enthält weißen Milchsaft.
Blüte: (Juni) Juli bis Oktober.
Höhe: 30–120 cm.

Die Gewöhnliche Wegwarte war bereits in der Antike als Gemüsepflanze geschätzt.

Die mit einer spindelförmigen Wurzel ausdauernde Wegwarte besiedelt verbreitet, im Norden zerstreut, Weg- und Straßenränder, Ackerränder, Weiden und Brachflächen. Die Blütenköpfe entfalten sich am Morgen in der Sonne; am frühen Nachmittag oder bei trübem, kühlem Wetter schließen sie sich und verwelken dann.
Vor der Blüte gesammelte junge **Blätter** der Rosette schmecken bitter-aromatisch und können für Salate (siehe S. 121) verwendet, gehackt auf Butterbrot genossen oder in Quark gerührt werden. Insbesondere mit milder schmeckenden Kräutern gemischt eignen sie sich auch für verschiedene Wildgemüsezubereitungen (siehe S. 127).
Die Blütenköpfe ohne grüne Teile sind eine essbare Dekoration für grünen Salat und Obstsalat. Da sie sehr rasch welken, sollte man sie sofort nach dem Pflücken verwenden. Die ziemlich bitter schmeckende Wurzel kann im Herbst gegraben, geröstet und zu Zichorienkaffee verarbeitet werden.
Die Wurzelzichorie *(Cichorium intybus var. sativum)* ist eine für die Erzeugung von Kaffee-Ersatz gezüchtete Kulturform der Weg-

Kräuter auf Ackerland oder bei Siedlungen, die in einem anderen Lebensraum behandelt werden:

Wilde Möhre *(Daucus carota)* siehe Grasland Seite 80
Gewöhnliche Schafgarbe *(Achillea millefolium)* siehe Grasland Seite 91
Echtes Barbarakraut *(Barbarea vulgaris)* siehe Feuchtgebiete Seite 96
Knoblauchsrauke *(Alliaria petiolata)* siehe Gehölze Seite 108

warte. Ihren Anbau hat insbesondere der Preußenkönig Friedrich der Große gefördert und in den Weltkriegen erlangte sie erneut eine Bedeutung.

Auch zu Wurzelgemüse (siehe S. 128) lässt sich die Wurzel verarbeiten. Wegen ihres hohen Bitterstoffgehalts empfiehlt es sich, sie vor der Zubereitung einige Stunden zu wässern. Zur Blattnutzung wurde *Cichorium intybus* var. *foliosum* mit verschiedenen Kulturformen wie Chicorée und Radicchio gezüchtet. Ein entfernterer Verwandter ist der wahrscheinlich aus Südasien stammende Endiviensalat *(Cichorium endivia)*.

Als einst hoch geschätzte Arzneipflanze ist die Wegwarte heute weitgehend in Vergessenheit geraten. Paracelsus und die Kräuterbuchautoren der frühen Neuzeit wie beispielsweise Otto Brunfels oder Leonhart Fuchs beschreiben verschiedene Heilwirkungen, insbesondere für den Magen und die Verdauungsorgane. Noch Sebastian Kneipp (1821–1897) hielt große Stücke auf die Bitterstoffpflanze und empfahl sie bei bestimmten chronischen Magenleiden.

Die Wegwarte galt aber auch als mächtige Zauberpflanze. Sie war die sagenhafte Springwurz, denn, so hieß es, wer eine am Tag St. Peter und Paul (29. Juni) gegrabene Wurzel bei sich trägt, vor dem springen alle Schlösser auf und er kann niemals eingesperrt werden. Im Mund getragen lässt sie einen sämtliche Feinde überwinden. Wer aber die Wegwarte mit einem Hirschgeweih gräbt und sie nicht mit der Hand anfasst, kann die Liebe derjenigen Person auf sich ziehen, die er mit dieser Wurzel berührt.

Eine Sage berichtet, die Wegwarte sei eine verzauberte Jungfrau.

Lang und dünn ist die Pfahlwurzel der Wegwarte.

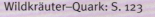 Wildkräuter–Quark: S. 123

Kräuter – Grasland

Großer Wiesenknopf
Sanguisorba officinalis

Familie: Rosengewächse (Rosaceae). Stängel aufrecht, kantig, kahl, in der Blütenregion verästelt. Blätter unpaarig gefiedert, Grund- und untere Stängelblätter mit 3–8 (15) Fiederpaaren; Fiedern herzförmig-länglich, 1–6 cm lang, unterseits blaugrün, jederseits mit 8–17 Zähnen, Stiel 5–10 mm lang; grundständige Blätter in Rosette, 20–40 cm lang, lang gestielt; Stängelblätter in geringer Zahl, kleiner. Blütenköpfe dunkelrot, lang gestielt, eiförmig, 2–3 cm lang, von oben nach unten aufblühend. Blüten klein, sitzend, mit 4 dunkelroten Kelchzipfeln, Blütenkrone fehlend, Staubblätter 4, 1 Griffel mit einer pinselförmigen Narbe.
Blüte: Juni bis September.
Höhe: 30–100 cm.

Der Große Wiesenknopf kommt in manchen feuchten Wiesen massenhaft vor.

Der mit einem Wurzelstock und spindelförmiger, verzweigter Pfahlwurzel überdauernde Große Wiesenknopf kommt bei uns verbreitet, im Norden zudem zerstreut auf feuchten Wiesen vor.
Die vor der Blüte gesammelten jungen **Blätter** und **Sprosse** gibt man in Salat, insbesondere Kartoffelsalat, in Kräuterquark, Kräutersuppen (siehe S. 125) und als Wildgemüse zubereitet (siehe S. 127).

Verwandte Art: Der **Kleine Wiesenknopf** *(Sanguisorba minor)* mit einer Höhe von 30–60 cm und rundlichen bis elliptischen Fiederblättchen trägt seine grünlichrötlichen Blütenköpfchen von April bis Juni. Er wächst verbreitet, im Norden zerstreut auf trockenen Wiesen, an Wegen und Böschungen. Als Würzkraut gehört er in die Frankfurter Grüne Sauce und verfeinert auch Salate, insbesondere Gurkensalat, Eierspeisen, Spinat, Fisch, Frischkäse, Kräuterbutter und Saucen. Als Pimpinelle wird er im **Garten** gezogen, wo er einen sonnigen bis halbschattigen Standort und kalkhaltige, durchlässige Erde bevorzugt.

Gewöhnlicher Frauenmantel
Alchemilla vulgaris

Familie: Rosengewächse (Rosaceae). Rosetten-Grundblätter lang gestielt, rundlich-nierenförmig, 2–12 cm breit, 5- bis 11-lappig, am Rand gezähnt, Spreite gefaltet; Blattunterseite und Blattstiele zerstreut behaart; Nebenblätter eiförmig-lanzettlich. Stängelblätter kurz gestielt, gezähnte Nebenblätter. Blütenstängel in den Achseln der Grundblätter; Blüten 2–4 mm breit, in rispigem Blütenstand zu Knäueln vereinigt; unscheinbar, grünlich: 4 Kelch- und 4 Außenkelchblätter, Kronblätter fehlend, Staubblätter ebenfalls 4, 1 Fruchtknoten.
Blüte: Mai bis September.
Höhe: 10–40 cm.

Die Alchemisten hofften mit Hilfe des Wassertropfens in der Blattmitte des Gewöhnlichen Frauenmantels Gold machen zu können.

Die mit einem Rhizom ausdauernde Pflanze besiedelt verbreitet Wiesen, Wälder und Gebüsch. Morgens findet man in der Blattmitte oftmals einen glänzenden Wassertropfen. Er ist aus den Wassertröpfchen entstanden, die am Blattrand liegende Wasserspalten (Hydatoden) ausgepresst haben.
Man sammelt die jungen **Blätter** besonders im Frühjahr. Wegen ihrer schönen Rundform dienen sie unzerteilt als Salatdekoration oder man gibt sie zerkleinert an Wildsalate (siehe S. 121), Wildkräuter-Suppen (siehe S. 125) und Saucen, auch gerne gemischt mit anderen Wildkräutern. Als Heilpflanze hat sich der Frauenmantel in der Frauenheilkunde bewährt.

Mit den essbaren Blüten können Speisen dekoriert werden.
Der Gewöhnliche Frauenmantel wird bereits seit Jahrhunderten im **Garten** gezogen, wo er einen feuchten, aber durchlässigen Boden und einen sonnigen oder halbschattigen Platz schätzt. Vor allem in naturnahen Gärten kommt er gut zur Geltung.

Kräuter-Sahne-Sauce: S. 134

Wiesenklee, Rotklee
Trifolium pratense

Familie: Schmetterlingsblütengewächse (Fabaceae). Stängel aus den Blattachseln einer grundständigen Blattrosette entspringend; aufrecht, angedrückt behaart, beblättert, oft rötlich überlaufen. Blätter 3-zählig (selten 4- oder mehrzählig), die unteren lang, die obersten kurz gestielt; Blattfiedern 1–3 cm lang, kurz gestielt, eiförmig, ganzrandig, meist gefleckt; Nebenblätter eiförmig, scharf zugespitzt. Blütenköpfe vielblütig, kugelig-eiförmig, ca. 2–3 cm lang; meist zu 2, am Grund mit 2 Tragblättern. Einzelblüten sitzend; Kelch behaart, 10-nervig; Krone rosa bis rot, 13–18 mm lang.
Blüte: Mai bis September.
Höhe: 15–45 cm.

Seinen nektarhaltigen Blüten verdankt der Wiesenklee auch den Volksnamen »Himmelsbrot«.

Der mit einem kurzen, stark bewurzelten Rhizom ausdauernde Wiesenklee wächst auf Fettwiesen, Fettweiden, an Weg- und Ackerrändern, auf Schuttplätzen und anderen Ruderalstandorten. Er kommt in ganz Europa – ohne den äußersten Norden – vor und steigt in den Alpen in Höhen über 2000 m auf. Der Wiesenklee ist eine Hummelblume. Die Kronblätter sind untereinander und mit den 9 unteren Staubblättern zu einer Röhre verwachsen; oben beim 10., dem freien Staubblatt gibt ein Schlitz den Zugang zu dem am Grund der Röhre liegenden Nektar frei. Hummeln mit ihrem langen Rüssel können ihn erreichen. Der in Neuseeland und Australien eingeführte Wiesenklee soll erst dann reichlich Samen getragen haben, als man auch seine Bestäuber, die Hummeln, einführte. Die jungen, vor der Blüte gesammelten **Blätter** schmecken mild-würzig und werden, auch mit anderen Kräutern gemischt, als Gemüse (siehe S. 127) zubereitet. Die Einzelblüten ohne grüne Teile sind eine essbare Dekoration für Salate und Gemüsegerichte, etwa an Gurken oder Zucchini. In Irland und Schottland wurden die getrockneten Blüten zerstampft und eine Art Brot, »Thambrak« oder »Chambrok« genannt, daraus gebacken. Der Wiesenklee wird als eiweißreiche Futterpflanze und als Gründüngung auch großflächig angebaut.

Wiesenbärenklau
Heracleum sphondylium

Blätter und Blüten des Wiesenbärenklaus können stark variieren.

Familie: Doldengewächse (Apiaceae). Stängel 5–20 mm dick, kantig gefurcht, hohl, im oberen Bereich verzweigt, von steifen Haaren besetzt. Blätter rauhaarig, unpaarig gefiedert mit gelappten oder gespaltenen und am Rand grob kerbig-gesägten Abschnitten; untere Blätter bis 60 cm lang, mit offen rinnigem Stiel; obere Blätter kleiner, wenig geteilt und kaum gestielt, mit aufgeblasenen Blattscheiden. Blüten in flachen, bis 20 cm breiten Dolden, 15–30-strahlig, ohne oder mit wenigen Hüllblättern; Döldchen meist mit vielblättrigen Hüllchen. Blüten weiß (manchmal auch grünlich oder rötlich), etwas unangenehm riechend; Randblüten der Döldchen oft vergrößert. Früchte oval, abgeflacht, 6–10 mm lang. Die Pflanze ist nach Größe, Form und Farbe von Blüten und Blättern sehr variabel.
Blüte: Juni bis Oktober.
Höhe: 50–150 cm.

Die 2-jährige bis ausdauernde Pflanze ist ein Nährstoffzeiger und besiedelt verbreitet Wiesen (insbesondere gedüngte), Wegränder,

Waldränder, Gräben und Ufer sowie Auwälder. Den Namen verdankt der Wiesenbärenklau wahrscheinlich dem Vergleich der großen Blätter mit den Fußabdruck eines Bären. Die im Frühjahr vor der Blüte gesammelten jungen **Blätter** und jungen **Sprosse** eignen sich als Zutat für eine Kräutersuppe (siehe S. 125) oder als Wildgemüse (siehe S. 127). Die jungen **Stiele** können für schmackhafte Stängelgemüse (siehe S. 128) verwendet, die Dolden mit den Blütenknospen wie Brokkoli zubereitet werden.

Wegen seines milden Geschmacks ist Wiesenbärenklau auch zum Mischen mit intensiver schmeckenden Pflanzen wie Gundermann oder Schafgarbe geeignet.

Bei Kindern war der Wiesenbärenklau früher sehr beliebt: Sie verwendeten die ovalen, flachen Früchte als »Geld« beim Kauf- und Verkaufspiel. Die hohlen Stängel der Pflanze wurden wie die anderer Doldengewächse, etwa des Wiesenkerbels (Anthriscus sylvestris), vielfältig genutzt: zum Bau von »Wasserleitungen«, zur Herstellung von Blasinstrumenten, zum Basteln eines Spielzeugs, das in Altbayern »Kasperl« oder »Kapuziner« hieß. Mit dem getrockneten Kraut kann man Wolle in Gelb- oder Olivtönen färben. Wurzel und Kraut wurden früher volksmedizinisch gegen Durchfälle und Husten eingesetzt.

Achtung! Der Hautkontakt mit der Furocumarine enthaltenen Pflanze kann, insbesondere bei starker Lichteinwirkung, Hautreizungen verursachen.

Wiesenbärenklau hat sehr stark giftige Verwandte wie Hundspetersilie (Aethusa cyna-

Finger weg vom giftigen Riesenbärenklau!

pium), Wasserschierling (Conium maculatum) oder Gefleckter Schierling (Conium maculatum). Um fatalen Verwechslungen vorzubeugen gilt für den Wiesenbärenklau wie auch für andere Doldengewächse: Nur dann sammeln und verwenden, wenn man ganz sicher ist, die richtige Pflanze vor sich zu haben.

Giftig und stark hautreizend ist der bis 3,5 m hohe Riesenbärenklau (Heracleum mantegazzianum), auch Herkulesstaude genannt. Er hat einen bis 10 cm dicken Stängel, seine gefiederten Blätter können bis 3 m lang werden, die Blütendolden einen Durchmesser von 50 cm erreichen. Er stammt aus dem Kaukasus und ist vielerorts aus Gärten verwildert.

Wilde Möhre
Daucus carota

Familie: Doldengewächse (Apiaceae). Wurzel spindelförmig, gelblichweiß, mit feinen Faserwurzeln bedeckt. Stängel aufrecht, markhaltig, schwach kantig, gestreift, steif behaart. Blätter 2–3fach gefiedert, behaart, zerrieben möhrenartig riechend; Fiederblättchen mattgrün, fiederspaltig, mit stachelspitzigen Zipfeln. Blüten in 3–7 cm breiten Dolden mit 3-lappigen oder fiederteiligen Hüllblättern; Döldchen mit zahlreichen linealen Hüllchen. Kelch schwach gezähnt; Kronblätter 5, weiß, tief gelappt; mittlere Blüte einer Dolde meist verkümmert, schwärzlich-dunkelrot (so genannte »Mohrenblüte«). Nach dem Verblühen richten sich die Doldenstrahlen nach oben, sodass der Fruchtstand ein vogelnestartiges Aussehen erhält. Frucht mit 5 Hauptrippen und 4 bestachelten Nebenrippen.
Blüte: Mai bis August.
Höhe: 30–80 cm.

Pfahlwurzel der Wilden Möhre.

Die 2-jährige Wilde Möhre wächst in ganz Europa auf trockenen, mageren Wiesen, an Weg- und Straßenrändern, an Böschungen und auf Brachflächen.
Die jungen **Blätter** vor der Blüte und die **Früchte** würzen frisch oder getrocknet Suppen und Eintöpfe.
Die zähe, scharf-würzig schmeckende **Wurzel** wird vorzugsweise im Herbst des ersten oder im Frühjahr des zweiten Jahres gegraben,

Die »Mohrenblüte« in der Mitte der Blütendolden ist ein wichtiges Merkmal der Wilden Möhre.

wenn die Pflanze zunächst nur eine Blattrosette gebildet hat. Die Wurzel ist in frischem Zustand holzig, wird aber durch Kochen weicher und lässt sich dann als Wurzelgemüse zubereiten (siehe S. 128). Auch als Suppenwürze kann man sie verwenden.
Die **Gartenmöhre** *(Daucus carota* ssp. *sativus)* ist als Kulturform wahrscheinlich aus einer Kreuzung der Wilden Möhre mit der im Mittelmeergebiet heimischen Riesenmöhre *(Daucus maxima)* und anderen Möhrenarten entstanden. Sie kam im 16. Jahrhundert nach Mitteleuropa.

Achtung! Wegen der Verwechslungsgefahr mit sehr giftigen Doldengewächsen wie Hundspetersilie *(Aethusa cynapium),* Wasserschierling *(Cicuta virosa)* oder Gefleckter Schierling *(Conium maculatum)* sollte Blätter, Früchte und Wurzel der Wilden Möhre nur sammeln, wer die Pflanze sicher kennt. Pflanzen an ihrem Standort im Jahreslauf beobachten und auf die »Mohrenblüte« achten! Die Wilde Möhre kann, insbesondere im Sonnenlicht, hautreizend wirken.

Die Hundspetersilie ist sehr stark giftig.

Wiesenschaumkraut
Cardamine pratensis

Familie: Kreuzblüter (Brassicaceae). Stängel hohl, kahl, aufrecht, meist unverzweigt. Grundblätter in Rosette, lang gestielt, mit größerer Endfieder und mehreren Paaren kleinerer, eiförmig-rundlicher bis nierenförmiger, am Rand leicht geschweifter Fiedern; Stängelblätter schmal-länglich, kurz gestielt, meist ganzrandig; Blätter spärlich behaart. Blüten in deckblattlosen Trauben: Kelchblätter 4; Kronblätter 4, weiß oder lila, dunkel geädert, 5–10 mm lang; 2 kurze und 4 lange Staubblätter, gelbe Staubbeutel; Fruchtknoten 2-fächerig. Schote schmal, 2–4 cm lang.
Blüte: April bis Juli.
Höhe: 20–40 cm.

Vor der Blüte sammelt man die jungen Blätter des Wiesenschaumkrauts.

Die ausdauernde Rhizompflanze vermehrt sich vegetativ auch durch Brutknospen auf den Rosettenblättern und wächst verbreitet auf feuchten, mäßig nährstoffreichen Wiesen, in Laub- und Auwäldern, stellenweise massenhaft. In den Alpen steigt das Wiesenschaumkraut bis über 2000 m hinauf. Schaumzikadenlarven leben auf den Pflanzen, saugen ihren Saft und scheiden dabei weißen Schaum (»Kuckucksspeichel«) aus, der als Namensgeber diente.
Die kresseartig schmeckenden jungen, vor der Blüte gesammelten **Blätter** der Rosetten und die jungen **Sprosse** mit den Knospen werden frisch zu Wildsalaten (siehe S. 121), Wildkräuter-Suppen (siehe S. 125) und Saucen verarbeitet, an Kartoffelsalat, Kräuterquark oder in einen Pfannkuchenteig gegeben.

Kartoffelsalat: S. 122
Wildkräuter-Quark: S. 123
Pfannkuchen: S. 132
Kräuter-Sahne-Sauce: S. 134

Duftende Schlüsselblume
Primula veris

Familie: Primelgewächse (Primulaceae). Blätter in grundständiger Rosette, 10–20 cm lang, eiförmig, runzlig, am Rand gekerbt, oberseits dunkelgrün, unterseits hellgrün, allmählich in den geflügelten Stiel verschmälert. Blüten kurz gestielt, duftend, an blattlosem, behaartem Stängel in endständiger 5–20-blütiger, bis 30 cm breiter Dolde; Kelch blassgrün, bauchig, glockig, mit 5 spitzigen Zähnen; Blütenkrone dottergelb, 8–12 mm breit, trichterförmig, verwachsenblättrig, mit 5 orangefarbenen Flecken im Schlund.
Blüte: April bis Mai.
Höhe: 10–25 cm.

Süß und angenehm duften die Blüten der Duftenden Schlüsselblume.

Die mit einem kurzen, braunen, von vielen Fasernwurzeln besetzten Rhizom überdauernde Duftende oder Echte Schlüsselblume wird nach ihrem typischen Lebensraum auch Wiesenschlüsselblume genannt. Sie siedelt verbreitet, im Nordwesten selten, auf trockenen Wiesen, in Gebüsch, in lichten Wäldern und an Waldrändern, im Bergland bis 1700 m Höhe, und bevorzugt mäßig trockene bis frische, nährstoff- und kalkhaltige Böden.
Die Pflanze ist regional gefährdet und nach der Bundesartenschutzverordnung besonders geschützt. Sie darf deshalb in der Natur nicht gesammelt und nur aus Gartenkulturen entnommen werden.
Man erntet im Frühjahr, am besten noch vor der Blütezeit, die jungen **Blätter** und verwendet sie, auch mit Blättern anderer Wildkräuter vermischt, zu Salaten (siehe S. 121), Suppen (siehe S. 125), Saucen oder auch als Gemüse (siehe S. 127).

Die gerade geöffneten **Blüten** können, nach Entfernen der grünen Teile, für die Bereitung von Blütenessig oder Schlüsselblumenwein verwendet werden. Sie sind sowohl frisch als auch kandiert eine schöne Speisendekoration. Frisch, insbesondere aber getrocknet (siehe S. 119), würzen und süßen sie Süßspeisen oder Desserts.

Im **Garten** mag die Schlüsselblume einen sonnigen oder halbschattigen Platz und durchlässige, nährstoffreiche Erde.

Verwandte Art: Die **Hohe Schlüsselblume** *(Primula elatior)* zeigt bereits ab März ihre schwefelgelben Blüten mit flach ausgebreitetem Blütenkronsaum, dunkelgelbem Saftmal im Schlund und eng der Krone anliegendem Kelch. Sie hat einen schwächeren Blütenduft als die Duftende Schlüsselblume. In Laubwäldern, Auwäldern, Gebüschen, feuchten Wiesen kommt sie im Süden verbreitet, im Norden selten vor. Auch sie ist besonders geschützt und darf deshalb nur aus der Gartenkultur entnommen werden.

Achtung! Schlüsselblumen können bei entsprechend veranlagten Personen (Primelallergikern) allergische Reaktionen wie Hautausschlag hervorrufen.

Essig: S. 147
Kandierte Blüten: S. 149

Großer Sauerampfer
Rumex acetosa

Familie: Knöterichgewächse (Polygonaceae). Stängel gefurcht, unten rötlich überlaufen. Blätter länglich-eiförmig, pfeil- oder spießförmig; Grundblätter und untere Stängelblätter lang gestielt und stumpf, die oberen kurz gestielt bis sitzend und spitz; an der Blattstielbasis durchsichtige verwachsene Nebenblätter als scheidige Umhüllung. Stängel und Blätter schmecken säuerlich (Kaliumoxalat, freie Oxalsäure). Blüten klein und unscheinbar, in langem, quirlartigem, endständigem Blütenstand. Pflanze 2-häusig; Blüten jeweils mit 3 äußeren und 3 inneren rötlichen Blütenhüllblättern, männliche Blüten mit 6 Staubblättern, weibliche mit 3 Narben.
Blüte: Mai bis Juli.
Höhe: 30–100 cm.

Der mit einem kurzem Rhizom und einer fleischigen Pfahlwurzel überdauernde Große Sauerampfer verbreitet sich an seinen Standorten oft stark, sodass zur Blütezeit manche feuchte Wiesen von einem rötlichen Schleier überzogen scheinen. Auch in feuchten Wäldern, an Ufern, Gräben und auf Weiden ist die Pflanze in Mitteleuropa häufig anzutreffen, während sie in Südeuropa seltener ist. Auf Wiesen und Weiden gilt der Große Sauerampfer als Unkraut, weil er wertvolleren Pflanzen den Platz wegnimmt und beim Vieh Oxalsäurevergiftung hervorrufen kann.

Auf dem Gehalt an Kaliumoxalat und Oxalsäure beruht der erfrischende, fein säuerliche Geschmack der jungen **Blätter,** die man im Frühjahr vor der Blütezeit sammelt. Sauerampfer wird in der französischen Küche geschätzt. So soll die Frankfurter Grüne Sauce, für die Sauerampfer ein wichtiger Bestandteil ist und die schon Goethe schätzte, auf einem französischen Rezept beruhen. Sauerampfer-Blätter sind Bestandteil von Wildsalaten (siehe S. 121), fein gehackt schmecken sie in Quark oder auf Butterbrot. Sauerampfersuppe und Sauerampfer-Sauce (kalt oder warm) sind beliebt.

Im **Garten** schätzt der Große Sauerampfer einen halbschattigen bis schattigen Platz sowie feuchten, humosen Boden.

Achtung! Wegen des Gehalts an giftiger Oxalsäure sollte Sauerampfer nicht in großen Mengen oder zu häufig verwendet, von Personen mit Neigung zu Calciumoxalat-Nierensteinen gemieden werden.

Verwandte Art: Der auf eher trockenen Standorten, an Wegen, auf Äckern und Magerrasen, verbreitet vorkommende **Kleine Sauerampfer** *(Rumex acetosella)* hat lanzettlich-lineale, spießförmige Blätter, deren Spießecken nach auswärts gerichtet sind und wird nur bis etwa 30 cm hoch. Verwendung in der Küche wie der Große Sauerampfer.

> Wildkräuter-Quark: S. 123
> Dinkelsuppe: S. 125
> Kräuter-Sahne-Sauce mit Sauerampfer: S. 134

Die unscheinbaren Blüten des Großen Sauerampfers.

Wiesenknöterich, Schlangenknöterich
Polygonum bistorta

Familie: Knöterichgewächse (Polygonaceae). Blätter zungenförmig, mit wellig gekerbtem Rand, oberseits dunkel-, unterseits blaugrün; Grundblätter 10–20 cm lang, bis 3 cm breit; Stängelblätter wechselständig, schmäler, kurz gestielt oder sitzend, lange Blattscheiden. Blütenstängel unverzweigt; Blüten in endständigen walzenförmigen, bis 8 cm langen Scheinähren; Blütenhülle 5-blättrig, 3–5 mm lang, rosa, manchmal auch weiß; Staubblätter 8, die Blütenhülle überragend; Fruchtknoten 3-griffelig.
Blüte: Mai bis August.
Höhe: 30–100 cm.

Das schlangenähnlich gewundene Rhizom, das den Namen Schlangenknöterich erklärt, treibt im Boden zahlreiche, oft weithin kriechende Ausläufer, sodass die ausdauernde Pflanze oftmals größere Bestände bildet und mancher feuchten Wiese im Frühsommer einen rosaroten Schimmer verleiht. Der Wiesenknöterich bevorzugt kalkarme, nährstoffreiche Ton- und Lehmböden. Er wächst im Süden Mitteleuropas verbreitet, im Norden zerstreut, auf feuchten Wiesen, Hochstaudenfluren und in Auwäldern, in den Alpen bis in Höhen von 1900 m. In Regionen, wo die Pflanze gefährdet ist, sollte man auf das Sammeln verzichten.

Die im Frühjahr vor der Blüte gesammelten jungen, angenehm mild schmeckenden **Blätter** und Stiele werden wie Spinat (siehe S. 127) zubereitet.

Die nektarreichen Blüten sind eine gute Bienenweide. Der Wurzelstock mit seinem hohen Gerbstoffgehalt wurde als Gerbmittel verwendet. In Notzeiten hat man ihn, getrocknet und gemahlen, dem Brotmehl zugegeben. In der Volksmedizin setzt man den Tee aus dem Wurzelstock bei Durchfall, äußerlich bei Wunden und bei Entzündungen im Mund- und Rachenraum ein.

»Flaschenbürsten« werden die Blütenstände des Wiesenknöterichs auch genannt.

Frischkäsetorte mit Wiesenknöterich: S. 130

Spitzwegerich
Plantago lanceolata

Familie: Wegerichgewächse (Plantaginaceae). Blätter in grundständiger Blattrosette, lanzettlich, mit 3–7 stark hervortretenden parallelen Nerven, 10–20 cm lang, ganzrandig, sich in den rinnenartig vertieften Stiel verschmälernd. Blütenstängel in den Blattachseln entsprießend, 5-furchig, aufrecht, blattlos, die Blätter deutlich überragend. Blüten in endständigen, dichten, eiförmig-länglichen Ähren. Blüten jeweils mit eiförmigem, zugespitztem, trockenhäutig berandetem Tragblatt; Kelchblätter 4, Blütenkrone bräunlichweiß, 2–4 mm breit, 4-teilig; Staubfäden 4, weißlich, mit gelblichen Staubbeuteln weit aus der Blüte herausragend.
Blüte: Mai bis September.
Höhe: 20–50 cm.

Den mit einem kurzen und dicken Rhizom ausdauernden Spitzwegerich findet man in fast ganz Europa und im Bergland bis in 1800 m Höhe an Wegrändern, auf trockenen Wiesen, Weiden und Äckern.
Man sammelt von Frühjahr bis Spätsommer die jungen **Blätter** vor der Blüte. Bei schon etwas älteren Exemplaren zieht man, nach gründlichem Waschen, auf der Unterseite die hervortretenden Nerven ab. Fein geschnitten werden die Blätter Salaten (siehe S. 121) und Suppen (siehe S. 125) zugegeben, zusammen mit milder schmeckenden Kräutern wie Vogelmiere zu Wildgemüse gekocht oder für eine Frischkäsetorte verwendet.

Verwandte Arten: Der **Große Wegerich** oder **Breitwegerich** *(Plantago major)* unterscheidet sich vom Spitzwegerich durch seine breit-eiförmigen, 5–7-nervigen Rosettenblätter und die bis 15 cm langen, walzenförmigen Blütenähren mit den zunächst lilafarbenen, später weißlich gelben Staubfäden. Er blüht von Juni bis Oktober und kommt weit verbreitet auf Trittflächen wie Wegen, Weiden, Grasplätzen und auch zwischen Pflastersteinen vor. Ähnlich dem Breitwegerich ist der **Mittlere Wegerich** *(Plantago*

Lanzettliche Blätter und weißliche Staubfäden mit gelblichen Staubbeuteln kennzeichnen den Spitzwegerich.

Breit-eiförmige Blätter und duftende Blüten mit lila Staubfäden sind Merkmale des Mittleren Wegerichs.

media) mit seinen breit-elliptischen, 5–9-nervigen Blättern und 2–6 cm langen Blütenähren. Die Blüten duften angenehm und haben hell- bis dunkellila Staubfäden.
Die jungen Blätter beider Arten können wie die des Spitzwegerichs verwendet werden. Bei Kindern waren früher die Blütenähren des Mittleren Wegerichs wegen des an Schokolade erinnernden Geschmacks beliebt.

Dinkelsuppe: S. 125
Kräuter-Spaghetti: S. 129
Frischkäsetorte: S. 130
Kräuter-Sahne-Sauce: S. 134

Kleine Braunelle
Prunella vulgaris

Familie: Lippenblüter (Lamiaceae). Stängel 4-kantig, aufsteigend, kahl oder spärlich behaart. Blätter kreuzgegenständig, 1,5–3 cm lang, gestielt, länglich-eiförmig bis länglich-lanzettlich, ganzrandig, spärlich behaart. Blüten mit purpurnen Tragblättern, in 3-blütigen Halbquirlen zu einer 1–4 cm langen Scheinähre angeordnet, diese vom obersten sitzenden Blattpaar gestützt; Kelch 2-lippig, 5 ungleich große Zähne mit Grannen; Krone blauviolett, 8–15 mm lang (höchstens doppelt so lang wie der Kelch), Oberlippe helmförmig, Unterlippe 3-spaltig, Kronröhre gerade; Staubblätter 4, die 2 längeren mit je 1 spitzen Zahn unter dem Staubbeutel.
Blüte: Juni bis September, manchmal bis in den Oktober hinein.
Höhe: 10–30 cm.

Die mit einem kurzen Rhizom überdauernde und oberirdisch kriechende Ausläufer bildende Kleine Braunelle besiedelt als Nährstoffzeiger – in ganz Europa und in den Alpen bis in 2200 m Höhe – Wiesen, Waldränder, Rasen in Parks und Gärten.
Junge **Blätter** und **Sprosse** werden im Frühjahr gesammelt und, auch gemischt mit an-

Kräuter – Grasland 89

deren Wildkräutern, für Salate (siehe S. 121), Suppen (siehe S. 125) und Wildgemüse (siehe S. 127) verwendet.
Verwandte Art: Die Kalk liebende und bis in Höhen von 2000 m hinaufsteigende **Großblütige Braunelle** *(Prunella grandiflora)* kommt auf Trockenrasen verbreitet bis zerstreut, im Norden und Westen selten vor. Sie hat eine 20–25 mm lange Blütenkrone und eine gekrümmte Kronröhre. Sie wird wie die Kleine Braunelle verwendet. In Gebieten, in denen sie selten ist, sollte auf die Nutzung verzichtet werden.

Blühende Kleine Braunellen.

Gänseblümchen
Bellis perennis

Familie: Köpfchenblüter (Asteraceae). Blätter spatelförmig mit breitem Stiel, 1–6 cm lang, grob gezähnt, anliegend behaart; in grundständiger Rosette. Blütenstängel rund, unbeblättert. Blütenköpfchen endständig, 1–3 cm breit, von stumpfen, grünen Hüllblättern umschlossen; Zungenblüten randlich, weiß, unterseits oft rötlich überlaufen, weiblich; Röhrenblüten im Köpfchenzentrum auf kegelförmigem, hohlem Köpfchenboden, goldgelb, zwittrig. Abends sowie bei Kälte und Feuchtigkeit neigen sich die Zungenblüten dachartig über den Röhrenblüten zusammen.
Blüte: März bis November, bei mildem Wetter auch im Winter.
Höhe: 5–15 cm.

Auch an milden Wintertagen zu sehen: Blütenköpfe des Gänseblümchens.

Das ausdauernde Gänseblümchen, das auch Maßliebchen heißt, tritt an seinen Standorten meist rasenartig auf, da der kurze Wurzelstock Ausläufer bildet. Die Pflanze besiedelt den größten Teil Europas mit Ausnahme einiger Mittelmeergegenden, steigt in den Alpen bis 2000 m Höhe hinauf und kommt in Mitteleuropa als Nährstoffanzeiger in Wiesen und Rasenflächen vor. Ähnlich wie der Löwenzahn war das Gänseblümchen in früherer Zeit viel seltener. Erst seit es mehr ständig kurz gehaltene Rasen gibt und auch die Wiesen als Folge reichlicher Düngergaben häufiger gemäht werden können, hat sich die niedrige Pflanze, die leicht von anderen Arten beschattet und verdrängt wird, so stark entfaltet.

Die jungen, etwas nussig schmeckenden **Blätter, die Blütenköpfchen** und ihre Knospen sammelt man ganzjährig, vorzugsweise jedoch im Frühjahr. Ähnlich wie Feldsalat lassen sich die Blattrosetten zubereiten. Die Blätter würzen verschiedene Salate (siehe S. 121). Grob gehackt schmecken sie pikant, auch zusammen mit anderen Kräutern, auf Butterbrot oder in Quark. Als Wildgemüse (siehe S. 127) lassen sie sich etwa zusammen mit Spinat, Brennnesseln oder Sauerampfer zubereiten. Die Blütenköpfchen dekorieren Salate und andere Speisen und ihre Knospen werden als »Falsche Kapern« eingelegt.

Im **Garten** fühlen sich Gänseblümchen im Rasen wohl.

Das Gänseblümchen ist seit jeher eine bei den Mädchen besonders geschätzte Pflanze: Haarschmuck, Ohrringe und Halsketten werden daraus gefertigt. Seit langem ist das Gänseblümchen neben der Margarite die klassische Orakelblume. Die weißen Zungenblüten werden nacheinander ausgezupft und dabei spricht man: Er/sie liebt mich – liebt mich nicht – liebt mich...

Tee aus Blüten oder blühendem Kraut findet volksmedizinisch Verwendung zur Förderung der Menstruation, bei Husten, Gärungszuständen im Magen-Darm-Trakt und zur »Blutreinigung«. Früher galt mancherorts der Tee als besonders heilkräftig für Kinder.

Der Name »Gänseblümchen« ist seit dem 16. Jahrhundert bezeugt und bezeichnet eine weiß blühende Pflanze, die auf den Weiden der weißen Gänse wächst, während »Maßliebchen« wohl mit »messen« zusammenhängt und höchstwahrscheinlich auf das mit der Pflanze geübte »Messen« als tändelndes Fragespiel Bezug nimmt.

Viele Volksnamen zeigen die Beliebtheit der Pflanze: etwa Angerröserl, Marienblume, Tausendschön, Zeitlose. In vorchristlicher Zeit war das Gänseblümchen einer Liebes- und Muttergöttin zugeordnet; später wurde es zu einer Symbolpflanze Mariens. Eine Legende erzählt, das liebliche Blümchen sei dort entsprossen, wo die Tränen der Jungfrau Maria auf der Flucht nach Ägypten auf die Erde gefallen waren. In vielen Gegenden Europas hieß es, man solle die ersten drei im Jahr gefundenen Gänseblümchen verschlucken, um das Jahr über vor Krankheit geschützt zu sein.

Wildkräuter-Quark: S. 123
Falsche Kapern: S. 148

Gewöhnliche Schafgarbe
Achillea millefolium

Familie: Köpfchenblüter (Asteraceae). Stängel steif aufrecht, meist unverzweigt, dicht wechselständig beblättert. Blätter lanzettlich bis lineal, 2–3 cm breit, 2–3fach fiederteilig, die Abschnitte mit kurzen, stachelspitzigen Zipfeln. Blätter und Stängel locker behaart. Blütenköpfchen 3–6 mm breit, in doldenartigen Blütenständen; Hüllblätter des Köpfchens länglich-eiförmig, mit braunem Rand. Randliche Zungenblüten meist 5, weiß oder rosa, weiblich; im Zentrum des Köpfchens wenige gelblichweiße zwittrige Röhrenblüten. Die ganze Pflanze riecht, insbesondere zerrieben, angenehm würzig.
Blüte: Juni bis Oktober.
Höhe: 15–60 cm.

Das Rhizom der ausdauernden Pflanze bildet zahlreiche Ausläufer, die Blütenstängel oder Blatttriebe erzeugen. Deshalb entsteht auf einem der Pflanze zusagenden Standort oft ein dichter Rasen mit vielen Blatt- und wenigen Blütensprossen.
Die Gewöhnliche Schafgarbe findet man in ganz Europa auf Wiesen, Weiden, Halbtrockenrasen, an Weg- und Ackerrändern, auf Schuttplätzen und Brachland.
Die jungen **Blätter** sammelt man von März bis Mai. Sie schmecken kräftig herb und werden frisch oder getrocknet (siehe S. 119) in kleineren Mengen als Gewürz an Salate, Suppen, Saucen, Fleisch- und Gemüsegerichte gegeben. Auch Kräuteressig oder -öl kann man mit ihnen ansetzen. Mit anderen Kräutern wie Sauerampfer und Spitzwegerich gemischt, eignen sie sich zur Bereitung von Wildkräuter-Suppen (siehe S. 125) oder Wildgemüse (siehe S. 127). Nur junge, zarte Blätter sollte man, fein gehackt, auf Butterbrot streuen, in Quark rühren oder für die Bereitung von Kräu-

Weiß oder rosa sind die Blüten der Gewöhnlichen Schafgarbe.

terbutter verwenden. Mit den Blütenköpfchen kann man Speisen dekorieren.
Mit Schafgarbenkraut kann Wolle gelb gefärbt werden. Auch beim Ostereierfärben lassen sich die Blätter einsetzen: Man bindet sie um die Eier und taucht diese in ein Farbbad.
Die Schafgarbe wurde früher in Nord- und Mitteleuropa als Bierwürze verwendet. Vielerorts gehörte Schafgarbe in die am Gründonnerstag zu genießende Kultspeise aus 3, 7 oder 9 verschiedenen Kräutern. Bereits in der Antike war die Schafgarbe eine geschätzte Heilpflanze. Hildegard von Bingen (1098–1179) empfahl »Garwa« vor allem als Wundkraut. Wegen ihres streng aromatischen Dufts hatte die Schafgarbe einst den Ruf, gegen die Pest wirksam zu sein.
In der modernen Phytotherapie verwendet man Tee aus dem blühenden Kraut bei leichten krampfartigen Beschwerden im Magen-Darm-Trakt, in der Volksmedizin zudem bei Menstruationsbeschwerden.
Die Schafgarbe war auch eine Liebeszauberpflanze.

Achtung! Schafgarbe kann, wie andere Korbblütler auch, bei entsprechend veranlagten Personen Überempfindlichkeitsreaktionen hervorrufen. Generell gilt: Schafgarbe sollte man nicht zu häufig und jeweils nur in kleinen Mengen zu sich nehmen.

Wildkräuter-Quark: S. 123
Wildkräuter-Butter: S. 123
Kartoffelgratin: S. 131
Essig: S. 147
Kräuteröl: S. 147

Wiesenbocksbart
Tragopogon pratensis

Familie: Köpfchenblüter (Asteraceae). Stängel aufrecht, nicht oder nur gering verzweigt, kahl, unter dem Blütenköpfchen nicht oder nur wenig verdickt. Blätter ungestielt, grasartig lineal und ganzrandig, rinnig, kahl, an ihrem Grunde den Stängel halb umfassend. Stängel und Blätter graugrün. Blütenköpfe endständig am Blütenstängel, bis 6 cm breit, an der Basis von schmalen, 2–3 cm langen, am Grund eingeschnürten, meist 8 Hüllblättern umgeben. Einzelblüten gelb, zungenförmig, zwittrig. Früchte mit gekerbten Längsrippen und langem Schnabel sowie einem Pappus, der mit seinen untereinander verflochtenen Fiederhaaren einem Spinnen-Radnetz ähnelt. Die Pflanze führt Milchsaft.
Blüte: Mai bis Juli.
Höhe: 30–70 cm.

Kräuter – Grasland 93

Der mit einer fleischigen Pfahlwurzel ausgestattete 2-jährige bis ausdauernde Wiesenbocksbart besiedelt verbreitet bis zerstreut und bis in 2000 m Höhe Wiesen, Halbtrockenrasen, Wegränder und Ödland. Er tritt in mehreren Unterarten auf.

Die Blütenköpfe und Fruchtstände sind nur am Morgen und am Vormittag geöffnet, sie schließen sich um die Mittagszeit und bei trübem Wetter. Der in geschlossenem Zustand an einen Bocksbart erinnernde Fruchtstand hat der Pflanze den Namen gegeben.

Die **Wurzeln** des früher auch »Falsche Schwarzwurzel« genannten Wiesenbocksbarts werden vorzugsweise im Herbst des 1. oder im Frühjahr des 2. Jahres gegraben. Man kann sie wie Schwarzwurzeln als Wurzelgemüse (siehe S. 128) zubereiten oder auch einem Salat beigemengen.

Die jungen **Blätter** und **Stängel** sammelt man vom Frühjahr bis zum Hochsommer. Die Stängel lassen sich wie Spargel zubereiten, als Stängelgemüse (siehe S. 128) kochen oder in Teig ausbacken. Die süßlich schmeckenden Blätter können roh als Salat (siehe S. 121) verzehrt werden oder in einer Wildgemüsemischung (siehe S. 127) einen zu herben Geschmack mildern.

Als Falsche Kapern kann man die Knospen der **Blütenköpfe** einlegen (nicht mit den ähnlich aussehenden, aber ungenießbaren Fruchtständen verwechseln!).

Die Blüten des Wiesenbocksbarts schließen sich bereits um die Mittagszeit.

Wurzel des Wiesenbocksbarts.

Pfannkuchen: S. 132
Falsche Kapern: S. 148

Gewöhnlicher Löwenzahn
Taraxacum officinale

Familie: Köpfchenblüter (Asteraceae). Blätter in Rosette, länglich, schrotsägeförmig bis fast ganzrandig, kahl. Stängel blattlos und röhrig. Blütenköpfchen endständig, 3–5 cm breit, äußere Hüllblätter zurückgeschlagen, zahlreiche goldgelbe Zungenblüten. Früchte auf aufgewölbtem Köpfchenboden linealisch, braun, mit schirmartigem Flugorgan (Pappus). Pfahlwurzel bis 30 cm lang, senkrecht in den Boden wachsend. Pflanze enthält in allen Teilen weißen Milchsaft.
Blüte: April bis Juni; vereinzelt auch in den Herbst- und Wintermonaten.
Höhe: 10–40 cm.

Der mit einem kurzen Rhizom überdauernde Löwenzahn ist in ganz Europa häufig. Er zeigt auf Fettwiesen und -weiden, an Wegrändern, in Gärten, an Mauern und Zäunen meist nährstoffreichen und verdichteten Boden an. In den Alpen steigt die Pflanze bis in Höhen von 2500 m hinauf. Die durch Löwenzahn einheitlich gelb gefärbten Frühjahrswiesen gab es in früheren Zeiten nicht oder viel seltener. Die Pflanze wird heute durch die verstärkte Düngung der Wiesen und den zeitiger im Jahr stattfindenden ersten Schnitt, dem andere konkurrierende Wiesenblumen nicht gewachsen sind, gefördert. Wissenschaftler stellten bereits zu Beginn des 20. Jahrhunderts fest, dass sich die Löwenzahnfrüchte ohne vorangegangene Befruchtung entwickeln (Parthenogenese) und der Embryo damit aus einer unbefruchteten Eizelle hervorgeht.

Aus der Wurzel hat man früher ähnlich wie aus der Wegwartenwurzel Kaffee-Ersatz hergestellt und sie zu diesem Zweck im Frühjahr vor der Blüte oder im Herbst gegraben, getrocknet, geröstet und zermahlen. Auch als Gemüse wurde sie verzehrt.

Die jungen, vor der Blüte gesammelten **Blätter** werden zu Salat verarbeitet, der insbesondere in Frankreich beliebt ist, oder verschiedenen Salaten (siehe S. 121) beigegeben. Besonders gut schmecken sie etwa fein zerschnitten in Kartoffelsalat: Der stark bittere Geschmack der Blätter wird durch die

Blüten- und Fruchtstände des Gewöhnlichen Löwenzahns.

Kräuter auf Grasland, die in einem anderen Lebensraum behandelt werden:

Pastinak *(Pastinaca sativa)* siehe Ackerland und Siedlungen Seite 56
Gundermann *(Glechoma hederacea)* siehe Ackerland und Siedlungen Seite 64
Gewöhnlicher Beinwell *(Symphytum officinale)* siehe Feuchtgebiete Seite 98
Kohlkratzdistel *(Cirsium oleraceum)* siehe Feuchtgebiete Seite 100
Giersch *(Aegopodium podagraria)* siehe Gehölze Seite 106
Gewöhnlicher Dost *(Origanum vulgare)* siehe Gehölze Seite 112

Kartoffeln gemildert und diese wiederum erhalten durch den Löwenzahn eine pikant-bittere Würze. Zur Entbitterung können die Blätter über Nacht in Wasser gelegt werden. Wegen der – vielleicht gewöhnungsbedürftigen – Würzkraft und des Gesundheitswertes der Bitterstoffe ist dieses Vorgehen allerdings weniger zu empfehlen. Gemischt mit anderen, milder schmeckenden Wildkräutern wie Giersch, Brennnessel und Vogelmiere ergeben die Blätter auch ein schmackhaftes Wildgemüse (siehe S. 127).
Die **Blütenknospen** lassen sich als Kapernersatz einlegen. Aus den entfalteten Blütenköpfen gewinnt man einen Absud, der mit Zucker zu einem Sirup verkocht wird:
2 gehäufte Handvoll Blütenköpfe ohne Stiel und grüne Teile ausschleudern, eventuell vorsichtig abbrausen. Mit 750 ml Wasser übergießen, über Nacht zugedeckt stehen lassen. Zum Kochen bringen und 15 Minuten sieden lassen, abseihen. In die heiße Flüssigkeit 750 g Zucker und Saft von 1 Zitrone rühren. Flüssigkeit kochen lassen, bis sie sirupartig Fäden zieht. Dieser »Löwenzahnhonig« schmeckt auf Brot, in Müsli und Süßspeisen oder mit Wasser verdünnt als erfrischendes Getränk.
In der Volksmedizin gilt der Löwenzahnsirup als »Blutreinigungsmittel«. Auch Löwenzahnwein, ein mit Hefe angesetztes Gärgetränk, war früher beliebt.
Die silbrigen Fruchtköpfe des Löwenzahns dienen zu allerlei Orakel. Wer alle Früchte auf einmal wegblasen kann, ist ein Glückskind, das viel Angenehmes zu erwarten hat, oder: Die auf dem Fruchtboden stehen gebliebenen Früchte zeigen, wie viele Jahre noch bis zur Hochzeit vergehen werden.

Achtung! Der vor allem im Milchsaft enthaltene Bitterstoff Taraxin kann bei entsprechend veranlagten Personen bei Hautkontakt allergische Hauterscheinungen und bei Verzehr größerer Mengen Reizung des Magen-Darm-Trakts bewirken.

Kartoffelsalat mit Löwenzahn: S. 122
Wildkräuter-Quark: S. 123
Pfannkuchen: S. 132
Falsche Kapern: S. 148

Kräuter – Feuchtgebiete

Echtes Barbarakraut
Barbarea vulgaris

Familie: Kreuzblüter (Brassicaceae). Stängel aufrecht, wechselständig beblättert, im oberen Teil verzweigt. Grundblätter in Rosette; fiederspaltig, mit rundlich-eiförmiger, am Grunde oft herzförmiger Endfieder und 5–9 Paar länglichen Seitenfiedern. Stängelblätter verkehrt-eiförmig, am Rand stumpf gezähnt, die obersten stängelumfassend. Blüten in dicht gedrängten tragblattlosen Trauben, 7–9 mm breit, an 3–4 mm langen Stielen; Kronblätter 4, gelb, 5–7 mm lang, fast doppelt so lang wie die 4 Kelchblätter. Schoten kantig, meist aufrecht abstehend, bis 2,5 cm lang und bis 2 mm breit. Ganze Pflanze kahl.
Blüte: April bis Juli.
Höhe: 30–100 cm.

Blühendes Echtes Barbarakraut.

Das 2-jährige (bisweilen auch ausdauernde) Echte Barbarakraut kommt in der Natur verbreitet an Gräben, Ufern, Wegrändern vor und bevorzugt nährstoffreiche, frische Sand- und Lehmböden.
Man sammelt die scharf-würzig und kresseartig schmeckenden jungen **Blätter** vorzugsweise der Grundrosette von Dezember bis Mai. Der scharfe Geschmack beruht wie bei den Kressearten und verschiedenen anderen Kreuzblütern auf dem Gehalt an Glucosinolaten, die sich insbesondere als wirksam bei der Abwehr unerwünschter Bakterien, Pilze und Viren erwiesen haben. Auch im Winter nutzbare Wildpflanzen findet man in Mitteleuropa eher selten und sie wurden deshalb besonders geschätzt. Darauf weist auch der Name hin. Die heilige Barbara gehört zu den 14 Nothelfern, ist Patronin insbesondere der Bergleute und hat am 4. Dezember (an dem auch die Barbarazweige geschnitten werden) ihren Gedenktag.

Aus den Blättern des Barbarakrauts lässt sich ein pikanter, kresseartig schmeckender Salat (siehe S. 121) zubereiten; sie passen auch als Beigabe oder Würze in andere Salate. Zudem können sie als Wildgemüse (siehe S. 127) zubereitet werden.
Im **Garten** bevorzugt Barbarakraut einen halbschattigen Platz und feuchten Boden.

Achtung! Barbarakraut kann leicht mit anderen gelb blühenden Kreuzblütlern verwechselt werden, etwa auch mit dem an ähnlichen Standorten zerstreut wachsenden giftigen Ackerschöterich *(Erysimum cheiranthoides)*. Daher Barbarakraut nur sammeln und verwenden, wenn man die Pflanze auch ganz sicher kennt.

Echte Brunnenkresse
Nasturtium officinale

Familie: Kreuzblüter (Brassicaceae). Stängel hohl; im unteren Teil kriechend und an den Blattachseln wurzelnd, im oberen Bereich aufsteigend oder schwimmend. Blätter wechselständig, auch im Winter grün, gefiedert mit 1–3 (untere Blätter) oder 5–9 (obere Blätter) rundlichen Blättchen und größerer Endfieder. Blüten weiß bis lila, 5–10 mm breit, in endständiger Scheindolde; Kelchblätter 4, abstehend; Kronblätter 4, 4–5 mm lang; Staubbeutel gelb. Früchte: Schoten, 13–18 mm lang, an 8–12 mm langem Stiel.
Blüte: Mai bis September.
Höhe: 30–80 cm.

Die ausdauernde und immergrüne Brunnenkresse wächst verbreitet an Quellen, Bächen und Gräben. Sie bevorzugt kühle, klare, fließende Gewässer. Gewerbsmäßigen Anbau gab es schon vor Jahrhunderten in verschiedenen Gegenden Europas, heute noch in England, Frankreich, Holland und Deutschland. In Erfurt wird seit dem 17. Jahrhundert Brunnenkresse angebaut.
Man sammelt die scharf und würzig schmeckenden **Blätter** und jungen **Sprosse** im Frühjahr vor der Blüte, in milden Witterungsperioden auch im Spätherbst und Winter. Sie werden vor allem roh als Salat (siehe S. 121) – mit reichlich Öl, etwas Essig und Salz – zubereitet. Klein gehackt würzen sie Salate, Suppen, Quark, Fleisch- und ganz besonders verschiedene Fischgerichte. Köstlich ist eine Brunnenkresse-Butter. Auch gegart in Suppen und Saucen sowie als Wildgemüse (siehe S. 127) schmeckt Brunnenkresse, besonders gemischt mit Löwenzahn- und Wiesenknöterich-Blättern.
Im **Garten** kann ein Anbau der Brunnenkresse am Teich oder in Kästen und Schalen versucht werden.

Achtung! Beim Sammeln ist ganz besonders auf den Standort zu achten: nur in sauberen

Gewässern und niemals am Rand von Viehweiden, da die Pflanzen die Larvenstadien des Großen Leberegels tragen können. Brunnenkresse nicht in zu großen Mengen verzehren, da die enthaltenen Senföle zu schmerzhaften Reizungen (Magen-Darm-Trakt, Harnorgane) führen können.

Verwandte Art: Das **Bittere Schaumkraut** *(Cardamine amara)* mit ebenfalls weißen Blüten besiedelt ähnliche Standorte. Seine Blattfiedern sind mehr eiförmig zugespitzt. Wichtige Merkmale sind der markhaltige Stängel und die violetten Staubbeutel. Es schmeckt ebenfalls scharf-würzig und kann wie die Brunnenkresse verwendet werden.

Brunnenkresseblätter sammelt man vorzugsweise außerhalb der Blütezeit.

Kartoffelsalat: S. 122
Wildkräuter-Quark: S. 123
Wildkräuter-Butter: S. 123

Gewöhnlicher Beinwell
Symphytum officinale

Familie: Raublattgewächse (Boraginaceae). Stängel fleischig, rau behaart, verästelt. Blätter bis 20 cm lang, lanzettlich, rau behaart; obere sitzend und bis zum nächsten Blatt am Stängel herablaufend, untere gestielt. Blütenstand zunächst spiralig eingerollt, mit Aufbrechen der Blüten sich entfaltend. Blüten nickend; Kelchzipfel 5, lanzettlich; Krone röhrig-glockig, bis 18 mm lang, rotviolett oder gelblichweiß, mit 5 kurzen, zurückgekrümmten Zähnen und 5 lanzettlichen Schlundschuppen, diese kegelförmig über den 5 Staubblättern zusammenneigend.
Blüte: Mai bis September.
Höhe: 30–100 cm.

Der mit einem dicken, saftigen Rhizom ausdauernde Beinwell hat eine dicke, spindelförmige, verzweigte Wurzel, die außen schwarzbraun, innen weiß ist und tief in den Boden eindringt. Er kommt verbreitet auf nassen Wiesen, in Gräben, Auwäldern und an Ufern vor, bevorzugt feuchten, stickstoffreichen Boden und steigt im Bergland bis 1600 m hinauf.
Die jungen **Blätter** werden, auch zusammen mit anderen Kräutern wie Brennnesseln oder Giersch, zu Wildkräuter-Suppe (siehe S. 125) oder Wildgemüse (siehe S. 127) verarbeitet. Auch in Pfannkuchenteig getaucht kann man sie ausbacken.
Die jungen **Stängel** können für Stängelgemüse (siehe S. 128) verwendet oder wie Spargel zubereitet werden.

Der Beinwell gehört traditionell zum **Bauerngarten**. Er schätzt einen halbschattigen Platz mit feuchter, nährstoffreicher Erde.

Achtung! Der Beinwell enthält giftige Pyrrolizidin-Alkaloide. Deshalb sollten Pflanzenteile nicht in größeren Mengen, nicht häufig und nicht während der Schwangerschaft verzehrt werden.
Da sich die Blätter im Jugendstadium ähneln können: Vorsicht vor Verwechslungen mit den stark giftigen Fingerhut-Arten, insbesondere dem Roten Fingerhut *(Digitalis purpurea)*.

Pfannkuchen: S. 132

Purpurviolett oder gelblichweiß sind die Blüten des Gewöhnlichen Beinwells.

Kohlkratzdistel
Cirsium oleraceum

Familie: Köpfchenblüter (Asteraceae). Stängel aufrecht, gefurcht, hohl, wechselständig beblättert. Blätter weich bestachelt, hellgrün, stängelumfassend; die unteren fiederspaltig, die oberen ungeteilt. Blütenköpfe 2,5–4 cm breit, endständig, meist zu 2–3 gehäuft; von großen, eiförmigen, hellgrünen Hochblättern umhüllt; weichstachelige, bräunliche, zugespitzte Hüllblätter am Grund des einzelnen Köpfchens; Köpfchenboden ohne Spreublätter. Röhrenblüten gelblichweiß, zwittrig, mit 5-zipfeliger Kronröhre. Früchte mit Pappus.
Blüte: Juni bis September.
Höhe: 50–150 cm.

Kohlkratzdisteln mit Blütenköpfen.

Die mit einem kräftigen Wurzelstock überdauernde Kohlkratzdistel kommt verbreitet, im Nordwesten zerstreut vor, wächst auf feuchten, nährstoffreichen Wiesen oft massenhaft und steigt in den Alpen bis 2000 m hinauf. Andere typische Standorte sind Auwälder, Bachufer, Flachmoore, Staudenfluren.
Die Blätter schmecken nach Kohl, obwohl die Kohlkratzdistel mit diesem Gemüse nicht verwandt ist. Man sammelt im Frühjahr die zarten, jungen **Blätter**. Sie können in rohem Zustand Salaten (siehe S. 121) zugegeben werden oder man kocht sie zu Wildgemüse (siehe S. 127). Die Böden der **Blütenköpfchen** lassen sich ähnlich wie die von Artischocken zubereiten.

Auf Wiesen gilt die Kohlkratzdistel als Unkraut, weil sie nur einen sehr geringen Futterwert hat und anderen Wiesenpflanzen den Platz und Nährstoffe wegnimmt.

Bachbunge, Bachehrenpreis
Veronica beccabunga

Familie: Rachenblütler (Scrophulariaceae). Stängel im oberen Teil aufsteigend; dick, fleischig, rund, oft an den Knoten wurzelnd. Blätter gegenständig, kurz gestielt, fleischig, glänzend, rundlich-eiförmig bis breitelliptisch, ganzrandig oder schwach gesägt, 2–6 cm lang. Blüten in lockeren Trauben; Kelch und Saum der Blütenkrone 4-teilig, Krone hell- bis dunkelblau (selten rötlich), 4–8 cm breit, kurze Kronröhre, oberster Kronzipfel leicht vergrößert; Staubblätter 2, mit lang herausragenden Staubfäden und violetten Staubbeuteln.
Blüte: Mai bis August.
Höhe: 20–60 cm.

Folgende Kräuter werden in einem anderen Lebensraum behandelt:

Großer Wiesenknopf *(Sanguisorba officinalis)* siehe Grasland Seite 75
Wiesenschaumkraut *(Cardamine pratensis)* siehe Grasland Seite 81
Großer Sauerampfer *(Rumex acetosa)* siehe Grasland Seite 84
Wiesenknöterich *(Polygonum bistorta)* siehe Grasland Seite 86

Wildkräuter-Quark: S. 123

Die mit einem Wurzelstock ausdauernde Bachbunge wächst verbreitet, bis 1850 m Höhe, an Bächen, Quellen, Gräben, an Rändern von fließenden und stehenden Gewässern sowie auf nassen, nährstoffreichen Wiesen. Gesammelt werden die jungen **Blätter** und **Sprosse** vor der Blüte sowie die Blätter der blühenden Pflanze. Man bereitet aus ihnen Salat (siehe S. 121), auch zusammen mit Brunnenkresse, legt sie auf Butterbrot oder mischt sie unter Quark. Auch zur Bereitung von Wildgemüse (siehe S. 127) sind Bachbungenblätter und -sprosse geeignet, wobei es sich empfiehlt, den bitteren Geschmack durch Mischen mit anderen Wildkräutern zu mildern.

Achtung! Zum Sammeln vgl. Hinweis bei Brunnenkresse S. 92.

Fleischig sind die Laubblätter, zart die blauen Blüten der Bachbunge.

Kräuter – Gehölze

Scharbockskraut
Ranunculus ficaria, Syn.: *Ficaria verna*

Familie: Hahnenfußgewächse (Ranunculaceae). Stängel 10–20 cm lang, meist liegend, manchmal emporsteigend; oft an den Knoten wurzelnd; verzweigt. Blätter wechselständig, glänzend grün, herz-nierenförmig, mit schwach gekerbtem Rand, lang gestielt. Blüten endständig, einzeln, sternförmig, 2–3 cm breit; Blütenhüllblätter 3, kelchartig, gelblichgrün; Nektarblätter 8–12, glänzend goldgelb, blumenblattartig, etwa doppelt so lang wie die Blütenhüllblätter; Staubblätter und Stempel zahlreich. Blüten bei kühler und feuchter Witterung geschlossen. In den Blattachseln häufig weizenkorngroße, weiße, längliche Brutknospen (Bulbillen).
Blüte: März bis Mai.
Höhe: 5–25 cm.

Das in fast ganz Europa vorkommende Scharbockskraut bevorzugt einen feuchten, nährstoffreichen und lockeren Boden. Dass der Frühblüher in Laub- und Auwäldern, unter Gebüsch, an Bachufern, in Hecken, Parks und Obstgärten oftmals größere Flächen bede-

Nur bei schönem Wetter sind die Blütensterne des Scharbockskrauts geöffnet.

cken kann, verdankt er seiner ausgeprägten vegetativen Vermehrung. Das Scharbockskraut überdauert mit einer Wurzel, deren Fasern teilweise zu keulenförmigen Wurzelknollen verdickt sind. Diese dienen der Nährstoffspeicherung und können nach der Ablösung von der Mutterpflanze zu eigenständigen Pflanzen heranwachsen. Vegetativ vermehrt sich die Pflanze auch über die in den Blattachseln sich entwickelnden Bulbillen, die nach dem Abfallen zu neuen Pflanzen werden. Diesen Brutknöllchen verdankt das Scharbockskraut zwei weitere Namen: »Erdgerste«, weil die Bulbillen nach einem Regenguss oft in Massen am Boden liegen, und »Feigwurz« wegen ihrer früheren volksmedizinischen Verwendung gegen Feigwarzen. Man sammelt die jungen **Blätter** vor der Blüte. Ihr Vitamin-C-Gehalt machte sie früher zu einem geschätzten Vorbeugungs- und Heilmittel gegen die gefürchtete Mangelkrankheit Skorbut (»Scharbock«). Die Blätter werden Frühlingssalaten (siehe S. 121), Suppen (siehe S. 125) oder Gemüse (siehe S.127) beigegeben. Als »Falsche Kapern« lassen sich die **Blütenknospen** einlegen und verwenden. Auch die Wurzelknollen und Bulbillen hat man ebenfalls geerntet, in Salzwasser eingelegt und als Fleischbeilage verzehrt, was heute wegen der Giftigkeit dieser Pflanzenteile nicht mehr empfohlen wird.

Achtung! Scharbockskraut nicht überdosieren und die Blätter stets vor der Blütezeit sammeln, da sie später den Giftstoff Protoanemonin enthalten und auch unangenehm scharf schmecken. Bitte auch den Hinweis auf S. 148 beachten.

Falsche Kapern: S. 148

Walderdbeere
Fragaria vesca

Familie: Rosengewächse (Rosaceae). Blätter mit behaartem Stiel, in grundständiger Rosette, 3-zählig gefiedert, unterseits seidenhaarig, oberseits locker anliegend behaart; Teilblättchen eiförmig, am Rand grob gezähnt, das mittlere kurz gestielt. Blütenstand am Ende des behaarten Blütenstängels; Blüten 1–1,5 cm breit, gestielt; Außenkelch; Kelchblätter 5, zur Fruchtzeit abstehend oder zurückgeschlagen (beim Pflücken der Früchte zurückbleibend); Kronblätter 5, weiß; zahlreiche Staubblätter und Stempel. »Beeren« (botanisch korrekt: Sammelnussfrüchte) rot, 5–20 mm im Durchmesser, mit eingesenkten kleinen, glänzenden Nüsschen.
Blüte: Mai bis Juni.
Früchte: Juni bis August. Höhe: 5–20 cm.

Blüten und Früchte finden sich bei der Walderdbeere oft gleichzeitig an einer Pflanze.

Die mit einem Rhizom überdauernde Walderdbeere entsendet aus den Blattachseln der Grundblätter lange, fadenförmige, laubblattlose, oberirdische Ausläufer, die an der Spitze wurzeln, neue Blattrosetten und nach Absterben des Ausläufers neue Pflanzen bilden. Diese lebhafte vegetative Vermehrung führt dazu, dass die in Wäldern, auf Waldlichtungen, an Böschungen und Wegrändern verbreitet vorkommende und im Gebirge bis über 2000 m hinaufsteigende Walderdbeere an ihren Standorten oft größere Flächen bedeckt. Die saftige Erdbeere ist eine Sammelfrucht. Sie entsteht aus dem nach der Blüte fleischig werdenden Blütenboden, die Nüsschen sind Einzelfrüchte.

Die vor der Blüte gesammelten **Blätter** können Zubereitungen von Wildgemüse zugemischt werden. Getrocknet sind sie, auch gemischt mit Himbeer- und Brombeerblättern, ein schmackhafter Haustee, den man nach Belieben mit Milch oder Sahne, Zucker und etwas Zimt würzen kann.

Walderdbeeren haben ein feineres Aroma als Gartenerdbeeren. Man sammelt die **Früchte,** wenn sie vollreif sind und sich leicht abpflücken lassen. Da das typische Aroma beim Kochen der Früchte ziemlich stark beeinträchtigt wird, genießt man Walderdbeeren vor allem roh: in grünen Blattsalaten, in Joghurt und Quark, mit Milch und einem Stück Schwarzbrot (wie von Pfarrer Kneipp empfohlen), als Kuchenbelag, in Eis oder Obstsalaten sowie als Erdbeerbowle. Gegart werden die Früchte bei der Bereitung von Erdbeercreme, Kompott, Roter Grütze oder Konfitüre (siehe S. 141).

Im **Garten** gedeiht die Walderdbeere am besten an einem sonnigen Platz in humusreicher und lockerer Erde.

Achtung! Erdbeeren wachsen bodennah und sind zudem bei Wildtieren wie dem Rotfuchs sehr beliebt. Wer das Risiko einer Infektion mit den Eiern des Kleinen Fuchsbandwurms ausschließen will, erhitzt die Beeren vor dem Genuss gut.

Bei entsprechend veranlagten Personen kann der Genuss von Erdbeeren zu allergischen Reaktionen führen.

Hausteemischung: S. 144

Waldsauerklee
Oxalis acetosella

Familie: Sauerkleegewächse (Oxalidaceae). Blätter 3-zählig gefiedert (kleeblattartig), 5–10 cm lang gestielt, in grundständiger Rosette; Teilblättchen kurz gestielt, verkehrtherzförmig, 10–20 mm lang, unterseits dunkelrot überlaufen; säuerlich schmeckend; Nebenblätter klein, eiförmig, spitz, am Grund mit dem Blattstiel verwachsen. Blüten einzeln auf langen, spärlich behaarten, 2 schuppenförmige Vorblätter tragenden Stielen; Kelchblätter 5, länglich-eiförmig; Kronblätter 5, weiß oder rosa, mit violetten Adern und gelbem Fleck am Grund, 10–15 mm lang; Staubblätter 10 (5 kürzere und 5 längere); Fruchtknoten 5-fächerig.
Blüte: April bis Mai. Die Sommerblüten bleiben geschlossen.
Höhe: 5–15 cm.

Insbesondere im Frühjahr sammelt man die säuerlich schmeckenden **Blätter** und nimmt sie zu Wildsalaten (siehe S. 121), in Quark, Kräutersuppen (siehe S. 125), Wildgemüse (siehe S. 127) und Saucen. Sogar an manchen milden Wintertagen können die Blätter für kulinarische Zwecke gesammelt werden.
Im England Elisabeths I. soll eine Sauerklee-Sauce zu Fleisch sich großer Beliebtheit erfreut haben. Sauerkleeblätter hat man früher auch für den Winter mit Honig oder Zucker eingelegt. In früherer Zeit war die Pflanze ein wichtiger Lieferant der z. B. als Reinigungsmittel dienenden Oxalsäure.

Achtung! Wegen des Gehalts an giftiger Oxalsäure sollte Waldsauerklee nicht in großen Mengen oder zu häufig verwendet, von Personen mit Neigung zu Calciumoxalat-Nierensteinen gemieden werden.

Mit seinem fadenförmigen, verzweigten Rhizom kommt der ausdauernde Waldsauerklee als eine teppichbildende Pflanze verbreitet in schattigen, humusreichen, feuchten Laub- und Nadelwäldern vor. Er steigt bis in die subalpine Nadelwaldstufe auf.
Am Abend falten sich die Blättchen entlang der Mittelrippe zusammen (Schlafstellung).

Wildkräuter-Quark: S. 123
Kräuter-Sahne-Sauce: S. 134

Waldsauerklee gedeiht auf feuchtem Waldboden.

Giersch
Aegopodium podagraria

Familie: Doldengewächse (Apiaceae). Stängel hohl, kantig gefurcht. Blätter mit 3-kantigem, markigem Stiel, doppelt 3-zählig gefiedert; die Fiedern 1. Ordnung oft nur 2-spaltig und an einen Ziegenfuß erinnernd (daher weiterer Name der Pflanze: Geißfuß); Fiederblättchen gestielt, 4–8 cm lang, eiförmig-länglich, gezähnt; oberste Stängelblätter klein, nur einfach 3-zählig oder ungeteilt. Blütendolden groß, 10–20-strahlig, meist ohne Hüll- und Hüllchenblätter; kleine weiße oder rosa Blüten. Früchte eiförmig, von der Seite zusammengedrückt, kümmelähnlich.
Blüte: Mai bis August.
Höhe: 50–100 cm.

Der Giersch, ein oft wütend verfolgtes Unkraut, ist auch ein mild-würzig schmeckendes Wildgemüse.

Die ausdauernde Pflanze bildet mit ihrem Rhizom zahlreiche und weit kriechende Ausläufer, sie tritt daher an ihren Standorten meist in größeren Gruppen auf. Der Giersch wächst in ganz Europa an feuchten, schattigen Stellen, wie etwa an Waldrändern, Ufern, Zäunen oder in Hecken. Im Garten gilt er als besonders lästiges und schwer zu vertreibendes Unkraut.

Gesammelt werden die jungen **Blättchen** vor der Blüte. Sie haben einen milden und feinwürzigen Geschmack, daher sind sie auch zum Mischen mit stärker schmeckenden Blättern wie etwa denen des Löwenzahns oder der Brennnessel geeignet. Gerade Personen, denen manche Wildgemüse zu herb sind, ist Giersch auch »solo« zu empfehlen: als Wildkräuter-Suppe (siehe S. 125), als Kräuter-Sahne-Sauce etwa zu Nudeln, in Aufläufen, Eierspeisen oder Pfannkuchen, als Wildgemüse (siehe S. 127). Früher war Giersch in vielen Gegenden fester Bestandteil der Gründonnerstagssuppe oder des

9 verschiedene Kräuterarten enthaltenden Gründonnerstagsgemüses.

Achtung! Giersch hat sehr stark giftige Verwandte wie Hundspetersilie *(Aethusa cynapium)*, Wasserschierling *(Cicuta virosa)* oder Gefleckter Schierling *(Conium maculatum)*. Schwach giftig ist der Heckenkälberkropf *(Chaerophyllum temulum)*. Gerade bei den verschiedenen weiß blühenden Doldengewächsen besteht große Verwechslungsgefahr. Daher gilt: Giersch nur sammeln und verwenden, wenn man vollkommen sicher ist, die gesuchte Pflanze vor sich zu haben.

Kräuter-Spaghetti: S. 129
Kartoffelgratin: S. 131
Giersch-Pfannkuchen: S. 132
Kräuter-Sahne-Sauce: S. 134

Märzveilchen, Wohlriechendes Veilchen
Viola odorata

Familie: Veilchengewächse (Violaceae). Blätter in grundständiger Rosette, lang gestielt, 1,5–5 cm lang, sich nach der Blüte vergrößernd, fein behaart, rundlich bis eiförmig, am Grunde herzförmig, Rand schwach gekerbt; Nebenblätter eiförmig, zugespitzt. Blütenstiele lang, in der Mitte mit 2 schuppenförmigen Vorblättern. Blüten 12–17 mm lang, nickend, wohlriechend; Kelchblätter 5, stumpf; Kronblätter 5, dunkelviolett, am Grund weiß, das vordere Kronblatt mit dickem, geradem, dunkelviolettem Sporn. Lange, kriechende oberirdische Ausläufer.
Blüte: März bis April.
Höhe: 5–10 cm.

Nicht nur lieblich, sondern auch kulinarisch interessant: das Märzveilchen.

Das mit einem Rhizom überdauernde Märzveilchen ist eine Halbschattenpflanze und ein Nährstoffzeiger. Man findet es verbreitet in lichten Laubwäldern, in Hecken, an Bach-

und Wegrändern. Ursprünglich wohl in Südeuropa beheimatet, ist die Pflanze, die ab dem Mittelalter als Heil- und Symbolpflanze in europäischen Gärten kultiviert wurde, seit langem in fast ganz Europa verwildert und eingebürgert.

Die angenehm blumig schmeckenden **Blüten** färben, aromatisieren, schmücken und können deshalb vielfältig verwendet werden: an Frühlingssalate (siehe S. 121), zur Bereitung einer Bowle, des Veilchensirups, -honigs, -zuckers oder des Veilchenessigs, kandiert als essbare Dekoration von Kuchen, Torten oder Desserts. Auch die jungen zarten **Blätter** eignen sich als Zugabe an Salate (siehe S. 121), Suppen (siehe S. 125) Quark und Gemüse (siehe S. 127).

Das Märzveilchen wird als Heil- und Symbolpflanze seit Jahrhunderten im **Garten** kultiviert, wo es einen halbschattigen bis schattigen Platz und feuchten, humusreichen Boden mag.

Wildkräuter-Quark: S. 123
Pudding: S. 134
Sirup: S. 140
Veilchenblüten-Essig: S. 147
Kandierte Blüten: S. 149

Knoblauchsrauke
Alliaria petiolata, Syn.: *A. officinalis*

Familie: Kreuzblütler (Brassicaceae). Stängel aufrecht, stielrund, leicht gerieft, manchmal oben verästelt. Blätter weich, leicht welkend; Grundblätter nierenförmig, buchtig gekerbt, lang gestielt; Stängelblätter 3-eckig, zugespitzt, kurz gestielt. Blüten 4–8 mm breit, in Trauben; Blütenkronblätter 4, weiß, etwa doppelt so lang wie die 4 Kelchblätter. Schoten 3,5–6 cm lang, 4-kantig, an kurzen Stielen vom Stängel abstehend. Pflanze riecht und schmeckt in jungem und insbesondere zerriebenem Zustand intensiv nach Knoblauch.
Blüte: April bis Juni.
Höhe: bis 1 m.

Zur Blütezeit verliert die Knoblauchsrauke ihr typisches Aroma.

Die 2-jährige Knoblauchsrauke kommt in fast ganz Europa vor und wächst meist gesellig in Gebüsch und Hecken, an Weg- und Waldrändern sowie Zäunen. Sie zeigt stickstoffreichen Boden an.

Die jungen, vor der Blüte gesammelten **Blätter** würzen mit ihrem Knoblauchgeschmack, dem die Pflanze auch ihre Namen Lauchkraut und Lauchhederich verdankt,

Wildkräuter-Quark: S. 123
Wildkräuter-Paste: S. 149

Salate, Suppen, Gemüse oder Aufläufe. Sie schmecken auch in Quark, auf Butterbrot oder, wie in England geschätzt, in Sandwiches. Im Mittelalter wurde die Knoblauchsrauke als Gewürzpflanze in Gärten angebaut. Gebraten soll sie früher insbesondere zu Hering und Schinken sowie – vornehmlich in Deutschland – zu Pökelfleisch geschätzt worden sein. Da sich jedoch der Knoblauchgeschmack beim Kochen rasch verflüchtigt, sollte man die Blätter lieber in frischem Zustand etwa in Wildsalaten (siehe S. 121) verwenden oder in Form einer Kräuterpaste konservieren.

Waldmeister
Galium odoratum, Syn.: *Asperula odorata*

Familie: Rötegewächse (Rubiaceae). Stängel glatt, 4-kantig. Blätter dünn, lanzettlich, zugespitzt, am Rand rau, 2–4 cm lang, 5–15 mm breit; in 6–8-zähligen Quirlen am Stängel angeordnet. Blüten sternförmig, 4–7 mm breit, in endständigen Trugdolden; Krone weiß, trichterförmig, 4-spaltig. Junge Blätter und Blüten mit angenehm aromatischem Cumarinduft, der sich beim Trocknen deutlich verstärkt. Früchte mit Widerhaken (Klettfrüchte).
Blüte: April bis Juni.
Höhe: 10–30 cm.

Dem im Boden kriechenden Rhizom entsprießen zahlreiche Stängel, sodass der ausdauernde Waldmeister an seinen Standorten oft in großen Mengen auftritt. Die ausgesprochene Schattenpflanze besiedelt verbreitet nährstoff- und kalkreiche feuchte Böden in Laub- und Laubmischwäldern, insbesondere Rotbuchenwäldern.

Man sammelt das ganze **Kraut** (oberirdische Teile der Pflanze) im April und Mai, ehe sich die Blüten öffnen, und verwendet es für die Aromatisierung von Weißwein oder von Desserts wie Cremes oder Sorbets. Der Maiwein, auch Maibowle oder Waldmeister-Bowle genannt, gilt in Europa als deutsche Spezialität. Tatsächlich hat er hier zu Lande auch

eine lange Tradition: Bereits im Jahre 854 hat ihn Wandalbertus, ein Benediktinermönch, erwähnt: »Schütte den perlenden Wein auf das Waldmeisterlein.«
In manchen Kochbüchern des 19. Jahrhunderts finden sich noch Rezepte mit Waldmeister, etwa für Waldmeisterstrudel, -spätzle, -schöberl. In der Gegenwart wird das Kraut nur noch zur Aromatisierung verwendet, da es im Verdacht steht, wegen seines Cumaringehalts leberschädigend zu wirken. In Deutschland ist die Verwendung cumarinhaltiger Pflanzen für die Herstellung von Lebensmitteln verboten – mit Ausnahme des Maiweins.

Ehe sich die Blüten öffnen, wird Waldmeister zur Aromatisierung von Wein gesammelt.

Liebt im **Garten** einen schattigen Platz in lockerer und humusreicher Erde. Volksnamen wie Herzfreude, Leberkraut, Tabakskraut, Waldmanndl erzählen so einiges über den Waldmeister.
In der Volksmedizin verwendet man Tee aus dem blühenden Kraut gegen Migräne, mut. Das typische Waldmeisteraroma beruht auf Cumarin und entsteht aus duftlosen Cumarin-Glykosiden erst beim Welken und Trocknen. Getrocknetes Waldmeisterkraut war, zusammen mit Huflattich- und Minzeblättern, eine aromatische Beimischung zum Tabak. In ihrem »Kräutersegen« (1896) schreibt Emma Zimmerer über das getrocknete Waldmeisterkraut: »In Kleiderschränke gelegt oder aufgehängt, hält es die Motten ferne, denen sein Geruch unangenehm ist. Derselbe soll sich bei kommender feuchter Witterung jedesmal verstärken, und unser Waldmännlein wäre demnach auch ein Wetterprophet.«
Ähnlich sieht das kulinarisch nicht verwendbare Waldlabkraut *(Galium sylvaticum)* aus. Es hat einen stielrunden Stängel und kann bis 1 m hoch werden.

Achtung! Waldmeister in größerer Menge kann Kopfschmerzen und Übelkeit verursachen. Daher nicht überdosieren und nur zur Aromatisierung – Kraut nicht verzehren, sondern nur einige Zeit in der Flüssigkeit ziehen lassen – verwenden.

Waldmeister-Bowle: S. 145

Echtes Lungenkraut
Pulmonaria officinalis

Familie: Raublattgewächse (Boraginaceae). Grundblätter in Rosette, bis 16 cm lang, herzeiförmig, rau behaart, oft mit hellen Flecken, plötzlich in den bis 15 cm langen Stiel verschmälert. Stängelblätter wechselständig, länglich-eiförmig, sitzend, borstig behaart. Blütenstand endständig, steifhaarig. Blüten 1 cm breit; Kelch röhrig-glockig, 5-zähnig, stark behaart; Blütenkrone anfangs rötlich, später blauviolett, trichterförmig, mit 5 Haarbüscheln, deutlich länger als der Kelch.
Blüte: März bis Mai.
Höhe: 10–30 cm.

Zellsaftveränderungen machen beim Echten Lungenkraut das Rot der Blüten zu Blau.

Die ausdauernde Pflanze, die im Volksmund »Hänsl und Gretl« heißt, hat ein waagrecht im Boden kriechendes Rhizom. Sie ist ein Lehmzeiger, bevorzugt frische, nährstoffreiche, meist kalkhaltige Böden, kommt verbreitet in Laub- und Mischwäldern, Gebüschen und schattigen Ufern vor, ist jedoch regional im Bestand gefährdet.
Die jungen **Blätter** werden im frühen Frühjahr gesammelt und, gemischt mit anderen Wildkräutern, zu Wildsalaten (siehe S. 121), Wildkräuter-Suppen (siehe S. 125) und Wildgemüse (siehe S. 127) verarbeitet. Sie können auch in Pfannkuchenteig getaucht und in der Pfanne gebacken werden. Im **Garten** mag das Lungenkraut einen schattigen oder halbschattigen Platz sowie feuchten, humusreichen Boden.

Achtung! Lungenkraut wegen der Gefährdung der Pflanze und auch wegen möglicher Nebenwirkungen nur sehr sparsam sammeln und verwenden.

Verwandte Arten: Schmalblättriges Lungenkraut *(Pulmonaria angustifolia)* mit schmal-lanzettlichen Grundblättern, Weiches Lungenkraut *(P. mollis)* mit weich behaarten Blättern und Stängeln sowie Berglungenkraut *(P. montana)* sind selten, besonders geschützt und dürfen aus diesen Gründen nicht gesammelt werden.

Pfannkuchen: S. 132

Gewöhnlicher Dost, Oregano
Origanum vulgare

Familie: Lippenblüter (Lamiaceae). Stängel aufrecht, behaart, schwach 4-kantig, oben verzweigt und meist braunrot überlaufen. Blätter kurz gestielt, 1–4 cm lang, eiförmig, ganzrandig oder schwach gezähnt, fein behaart, unterseits drüsig punktiert, kreuzgegenständig. Blüten in endständigen, lang gestielten, trugdoldigen Rispen; Kelch 5-zähnig; Krone purpurrot, rosa oder weiß, 4–7 mm lang, mit nach oben gerichteter Oberlippe und 3-spaltiger Unterlippe; Tragblätter eiförmig, zugespitzt, oft rötlich überlaufen. Die ganze Pflanze duftet stark aromatisch.
Blüte: Juli bis September.
Höhe: 20–60 cm.

Der ausdauernde Gewöhnliche Dost, der auch Wilder Majoran genannt wird, wächst verbreitet und bis in Höhenlagen von 1800 m an sonnigen Waldrändern und Böschungen, auf Magerrasen und in lichten, trockenen Gehölzen; er fehlt in Nordwestdeutschland und kommt im nördlichen Mitteleuropa nur zerstreut vor. In rauem Klima findet man ihn nur an Standorten mit viel Licht.

Jahrhundertelang war Dost in Mitteleuropa nur als Heilpflanze geschätzt. Hildegard von Bingen (1098–1179) empfiehlt ihn gegen Fieber und gegen die »rote Lepra«. In den Kräuterbüchern der frühen Neuzeit erscheint Dost als Mittel gegen Husten und zur Stärkung von Magen und Darm. Ähnlich wird er auch in der heutigen Volksmedizin verwendet: Tee aus dem blühenden Kraut bei Husten und krampfartigen Beschwerden im Magen-Darm-Trakt, äußerlich zum Gurgeln bei Halsweh und zu stärkenden, beruhigenden Bädern.

Erst in jüngerer Zeit hat sich auch die Verwendung als Gewürz eingebürgert. Mit dem Siegeszug der Pizza wurde Oregano als das Pizzagewürz schlechthin hier zu Lande und weltweit berühmt. Meist handelt es sich dabei allerdings um andere, aus den Mittelmeerländern stammende Sorten und Arten wie etwa den Kreta-Oregano *(Origanum onites)* oder den Griechischen Oregano *(Origanum heracleoticum)*.

Man kann **Blätter** und junge **Sprosse** des Dosts den ganzen Sommer über sammeln und sie frisch oder getrocknet als Gewürz verwenden. Das getrocknete **Kraut** (siehe S. 119) hat eine größere Würzkraft als das frische. Die frischen oder getrockneten Blätter werden eine Zeitlang mitgegart, da sie so ihr Aroma besser entfalten, als wenn sie nur den fertigen Speisen zugegeben werden. Die kräftig-würzig schmeckenden Blätter und Sprossspitzen eignen sich ganz besonders für Tomatengerichte, südländische Gemüse, Pizza, Nudelgerichte, Aufläufe, für die Bereitung von Kräuteressig und Kräuteröl.

Dost hieß mancherorts auch Liebfrauenbettstroh. Wie von vielen anderen duftenden Kräutern erzählt die Sage vom Dost, dass ihn

Die Blüten des Gewöhnlichen Dosts sind bei Bienen beliebt.

die Gottesmutter Maria dem Jesuskind in die Krippe gelegt habe.
Dost galt, wegen der roten Farbe und des starken Dufts als den Hexen und bösen Geistern verhasst. Eine Sage aus Sachsen berichtet: Eine Hexe wollte ihr Patenkind in die Hexenkunst einführen. Das Mädchen erzählte seiner Mutter davon; diese wusste Rat und steckte der Tochter vor dem nächsten Besuch bei der Patin die Taschen voll Dost. Als der Teufel zur Sitzung erschien, schnupperte er und verschwand erbost mit den Worten: »Roter Dost! Hätt' ich dich gewosst, hätt' ich dich vernommen, wär' ich nicht gekommen.«
Für den **Garten** wird neben vielen besonders aromatischen Sorten auch der Gewöhnliche Dost angeboten. Er braucht einen sehr sonnigen Standort sowie lockere, durchlässige, eher nährstoffarme Erde.

Verwandte Art: Der Wirbeldost *(Clinopodium vulgare)* hat einen zottig behaarten Stängel, schwach gekerbte Blätter und eine 1–1,5 cm lange Blütenkrone. Die Pflanze hat kein würziges Aroma und wird in der Küche daher nicht verwendet.

Kartoffelgratin mit Dost: S. 131
Essig: S. 147
Dost-Kräuteröl: S. 147

Bärlauch
Allium ursinum

Familie: Liliengewächse (Liliaceae). Blätter grundständig, meist 2 (selten 1 oder 3), 2–5 cm breit, parallelnervig, eiförmig-lanzettlich, mit 5–15 cm langem Stiel. Blütenstängel 3-kantig, aufrecht, hohl. Blüten in reichblütiger Scheindolde; Blütenhüllblätter weiß, in 2 Kreisen zu je 3, bis 12 mm lang; Staubblätter 6, an der Basis verbunden; 1 Fruchtknoten. Kapselfrucht 3-seitig, mit schwarzen Samen (Ameisenverbreitung). Starker Knoblauchduft der Pflanze, insbesondere der zerriebenen Blätter.
Blüte: April bis Mai.
Höhe: 20–40 cm.

In schattigen, feuchten, humusreichen Laub-, Bergmisch- und Auwäldern bedeckt die mit einer schmalen, länglichen Zwiebel im Boden überdauernde Pflanze oft große Flächen. Bärlauch ist eine Schattenpflanze und ein Nährstoffzeiger. Er kommt zerstreut, im Norden selten, örtlich bisweilen allerdings massenhaft vor. Im Sommer zieht der Frühblüher seine oberirdischen Organe ein.
Gesammelt werden die jungen **Blätter** vor der Blüte. Sie schmecken milder als Knoblauch und die unangenehme Körperausdünstung nach dem Genuss ist geringer. Um die Bestände zu schonen, sollte man je Pflanze nur 1 Blatt nehmen. Bärlauchblätter können als Küchengewürz wie Knoblauch verwendet werden. Besonders geschätzt werden sie seit einigen Jahren in der »Naturküche«: als Zugabe an Salate und Suppen, in Frischkäse, als Brot- und Pizzabelag, in Nudelgerichten, Saucen, Aufläufen und Kräuterpasten, auch zur Aromatisierung von Essig und Öl. Ein Wildgemüse (siehe S. 127) aus Brennnesseln, Bärlauch und Spinat ist im Frühjahr ein vitamin- und mineralienreiches und zudem sehr schmackhaftes Gericht.
Man verwendet die Blätter vor allem frisch, sie können aber auch eingefroren oder in Öl eingelegt konserviert werden.
Im **Garten** schätzt Bärlauch einen halbschattigen bis schattigen Platz sowie tiefgründigen, humosen Boden. Die Samen keimen, wenn überhaupt, erst im 2. Jahr; es ist daher besser, im Fachhandel Pflanzen zu erwerben (keinesfalls in der Natur auszugraben).

Achtung! Bärlauchblätter nicht mit den Blättern der sehr stark giftigen Pflanzen Maiglöckchen *(Convallaria majalis)* und Herbstzeitlose *(Colchicum autumnale)* verwechseln.
Bärlauchblätter riechen, insbesondere in zerriebenem Zustand, stark nach Knoblauch!

Wildkräuter-Quark: S. 123
Wildkräuter-Butter: S. 123
Bärlauch-Suppe: S. 126
Bärlauch-Spaghetti: S. 129
Wildkräuter-Paste: S. 149

Kräuter – Gehölze   115

Kräuter, die in einem anderen Lebensraum behandelt werden:

Große Brennnessel *(Urtica dioica)* siehe Ackerland und Siedlungen Seite 52

Aber selbst die Geruchsprobe kann täuschen, etwa, wenn man noch den Knoblauchduft von einem vorangegangenen Test an den Händen hat. Daher gilt: Wenn nur der geringste Zweifel besteht, ob man tatsächlich Bärlauch vor sich hat, sollte aus Sicherheitsgründen unbedingt auf das Sammeln und Verwenden verzichtet werden.

Wenn die weißen Blütensterne erscheinen, ist die Sammelzeit des Bärlauchs vorbei.

Tödlich sein kann eine Verwechslung mit den (etwas fleischigen, nicht nach Knoblauch duftenden) Blättern der sehr stark giftigen Herbstzeitlose.

Ein weiterer gefährlicher Doppelgänger: Die Blätter des stark giftigen Maiglöckchens haben keinen Knoblauchduft.

Rezeptteil

In diesem Rezeptteil finden Sie zunächst allgemeine Informationen, Regeln und Hinweise zur kulinarischen Verarbeitung von Wildkräutern und Wildfrüchten. Die nachfolgend präsentierten, meist einfachen Rezepte sind nach Kochbuch-Kategorien angeordnet, wobei jedem Rezeptbereich eine Einführung vorangestellt ist. Die Wildpflanzen-Küche bietet eine fast unüberschaubare Fülle an Möglichkeiten. Daher – und mit Rücksicht auf Ihre Kreativität und Ihre Lust am Ausprobieren – wird bei vielen Gerichten auf mögliche Varianten hingewiesen.

Wildpflanzen in der Küche

Wildpflanzen werden in der Küche vor allem frisch verwendet, das Konservieren durch Trocknen und Einfrieren spielt eine untergeordnete Rolle. Dagegen lassen sich mit Hilfe von Essig, Öl oder Alkohol, als Saft, Gelee, Mus oder Konfitüre Wildkräuter und -früchte beziehungsweise ihre Aromen in ganz besonderer Weise konservieren (siehe Unterkapitel und Rezepte).

Damit Aroma und Geschmack erhalten bleiben, sollte man die gesammelten Wildkräuter und -früchte möglichst sofort verarbeiten und allenfalls vorübergehend kühl und dunkel lagern. Verschmutzte, beschädigte oder fleckige Pflanzenteile, die man versehentlich mitgenommen hat, sortiert man vorher aus.

Man wäscht die unzerkleinerten Pflanzenteile gründlich und tupft sie mit Küchenpapier oder -tuch vorsichtig trocken. Das Schneiden, Hacken, Wiegen oder Zerreiben erfolgt erst unmittelbar vor der Weiterverarbeitung.

Einige Wildpflanzenteile beispielsweise die Blätter der Knoblauchsrauke, sind ausschließend oder vorwiegend für den Rohverzehr geeignet, da sie im Garprozess ihr Aroma verlieren. Die Mehrzahl ist sowohl als Rohkost als auch gegart verwendbar.

Eine dritte Gruppe enthält Pflanzen, deren Teile meistens oder ausschließlich gegart genossen werden, etwa Brennnessel oder Schlehe. Auch bei Pflanzen aus Gewässern oder wenn eine Infektion mit den Eiern des Fuchsbandwurms ausgeschlossen werden soll, ist Garen sinnvoll.

Achtung! Bitte beachten Sie bei der Verwendung mögliche Warnungen und Hinweise in den Porträts.

Trocknen

Diese klassische Konservierungsmethode ist vor allem für Würzkräuter sowie Haustee-Kräuter und -Früchte geeignet, etwa für Beifuß, Brennnessel und Dost, für die Wurzeln von Wilder Möhre und Pastinak oder für Heidelbeeren, Hagebutten und Weißdornfrüchte. Die getrockneten Pflanzenteile bewahrt man in gut schließenden dunklen Gläsern oder in Dosen auf.

Wurzeln sind gründlich zu reinigen, zu waschen und von schadhaften Stellen zu befreien. Blätter, Sprosse, Blüten, Früchte werden am besten ohne vorheriges Waschen getrocknet; dies dürfte jedoch nicht in allen Fällen ratsam sein. Um Fäulnis oder Schimmelbildung zu vermeiden, soll man jedenfalls nur völlig trockene Pflanzenteile weiterverarbeiten. Eine tägliche Kontrolle des Trockenguts ist unverzichtbar.

Man bindet die Stängel zu lockeren Sträußen und hängt sie an einem luftigen und schattigen Platz zum Trocknen auf. Schonend erfolgt das Trocknen in einem Dörrgerät. Kleinere Mengen sowie einzelne Blätter, Blüten oder Früchte kann man auch auf weißem Papier oder auf einem mit Kunststoffgitter oder Netzgewebe bespannten Holzrahmen ausbreiten. Im Backofen lassen sich, bei etwa 40 °C, vor allem Früchte und Wurzeln trocknen. Damit die Feuchtigkeit abziehen kann, hält man die Backofentür mit einem Kochlöffelstiel einen Spalt geöffnet. Wurzeln werden nötigenfalls geschält, dann in Stücke geschnitten. Die Stücke fädelt man mit einer Stopfnadel auf einen starken Faden und hängt sie luftig auf. Die Wurzelstücke sind fertig getrocknet, wenn sie sich nicht mehr biegen lassen, sondern zerbrechen, die Früchte, wenn sie auf Druck keinen Saft mehr absondern.

Wildfrüchte verarbeiten

Verarbeiten Sie nur einwandfreie, gut gereinigte Früchte, die vollreif, aber nicht überreif sind. Bei Konfitüren oder Gelees fördert die Zugabe einiger unreifer Früchte das Gelieren. Achten Sie bei der Verarbeitung auf äußerste Sauberkeit und Sorgfalt. Alle verwendeten Geräte und Gefäße wie Schraubdeckelgläser und Flaschen müssen gründlich mit heißem Wasser gereinigt oder ausgekocht werden. Zusätzlich kann man sie mit Alkohol ausspülen. Wegen der Fruchtsäuren verwendet man keinesfalls Aluminiumtöpfe.

Als Süßungsmittel dient weißer Haushaltszucker, bei dunklen Früchten auch Vollrohrzucker. Süßungsmittel mit einem mehr oder weniger ausgeprägten Eigengeschmack sind etwa Apfel- und Birnendicksaft oder Ahornsirup. Honig sollte man nur verwenden, wenn Saft oder Fruchtmasse nicht über 40 °C erhitzt werden, da nur dann die spezifischen Inhaltsstoffe erhalten bleiben. Einen nicht jedermann zusagenden Eigengeschmack haben Gelierhilfen wie Gelierzucker oder flüssige Geliermittel, die den Kochvorgang verkürzen. Wer sie verwenden möchte, halte sich an die Hinweise auf der jeweiligen Verpackung.

Achtung! Die Samen vieler Kern- und Steinobst-Arten enthalten giftige Blausäure. Dies gilt auch für die in diesem Buch aufgeführten Wildobst-Arten Wilder Apfelbaum (siehe S. 35), Gewöhnliche Traubenkirsche (siehe S. 40), Spätblühende Traubenkirsche (siehe S. 40), Schlehdorn (siehe S. 41) und Vogelkirsche (siehe S. 43). Daher Steine oder Kerne stets als Ganze entfernen (nicht zerkauen, zermahlen oder zerquetschen).

Aroma und Geschmack

Aroma und Geschmack von Pflanzen sind insbesondere durch sekundäre Pflanzenstoffe bestimmt. Manche Terpene etwa bewirken angenehmes Aroma, andere bitteren Geschmack, während Phenolsäuren Pflanzenteile herb und zusammenziehend machen können. Auch andere sekundäre Pflanzenstoffe mit Krankheiten vorbeugender Wirkung sind gerade in Wildpflanzen meist reichlich enthalten.

Aroma- und Geschmacksqualitäten von Wildgemüse und Wildobst werden individuell unterschiedlich wahrgenommen. Die Zuordnung zu einigen Hauptkategorien kann deshalb nur grobe Anhaltspunkte geben.

Wildpflanzen schmecken meist intensiver als Kulturpflanzen. Daher genügen oft wenige Blätter oder Sprosse, und gerade als »Anfänger« sollte man mit sehr kleinen Mengen beginnen und diese Kulturgemüse oder -obst beimischen.

Viele Wildpflanzen passen vom Geschmack her gut zusammen, viele Arten lassen sich durch andere ersetzen. Die Rezepte enthalten dazu einige Vorschläge, zahlreiche andere Varianten und Kombinationen sind möglich. Sehr intensiv schmeckende Arten sollte man besser nicht zusammen verwenden, und ein kräftig- oder bitter-würziger Geschmack lässt sich durch Zugabe mild-würziger Pflanzen dämpfen.

Aroma und Geschmack kulinarisch nutzbarer Wildpflanzen

Aroma-/Geschmackskategorie	Beispiele für Wildgemüse- beziehungsweise Wildobst-Arten
blumig	Blüten: Hundsrose, Märzveilchen, Wilde Malve, Schlüsselblume
mild-würzig	Beinwell, Gänseblümchen, Weißer Gänsefuß, Giersch, Guter Heinrich, Spitzwegerich, Vogelmiere, Wiesenbärenklau, Wiesenknöterich
kräftig-würzig	Bärlauch, Brennnessel, Dost, Wilde Möhre, Pastinak, Weiße Taubnessel, Großer Wiesenknopf
bitter-würzig	Beifuß, Gundermann, Löwenzahn, Schafgarbe
säuerlich	Sauerampfer, Waldsauerklee
scharf	Barbarakraut, Brunnenkresse, Wiesenschaumkraut
fruchtig-säuerlich	Berberitze, Eberesche, Sanddorn
fruchtig-herb	Schlehe, Weißdorn
fruchtig-süß	Brombeere, Himbeere, Walderdbeere

Wildsalate und Vorspeisen

Vor allem die jungen, noch zarten Blätter und Sprosse verschiedener im Frühjahr sprießender Kräuter sind für den Rohverzehr gut geeignet. Pflanzenteile, die als Rohkost vorgesehen sind, sollte man besonders gründlich waschen, solche aus Gewässern einige Zeit in Salz- oder Essigwasser legen und anschließend mit Wasser abspülen. Die Blätter werden trockengetupft und, wenn nötig, in Stücke geschnitten. Wildpflanzenblätter und -sprosse können auch anderen Salaten wie Blatt- oder Kartoffelsalat sowie gemischten Salaten beigegeben werden. Besonders geeignet sind klein geschnittene Wildkräuterblätter auch zum Würzen von Salatsaucen. Zur Dekoration dienen verschiedene Blüten, etwa von Märzveilchen, Schlüsselblume oder Weißer Taubnessel. Wildpflanzen-Rohkost kann man durch Zugabe von gekochten Kartoffeln, klein geschnittenen Äpfeln oder Orangen oder auch gehackten Nusskernen milder machen. Dazu passt eine Salatsauce mit Joghurt, süßer oder saurer Sahne, einem dezent schmeckenden kalt gepressten Öl und Balsamico- oder einem anderen milden Essig. Etwas Mayonnaise, klein gehackte Zwiebel oder Knoblauch, ein wenig Apfeldicksaft oder Senf können nach Geschmack ebenfalls manchen Wildsalat bereichern. Mit wenigen Ausnahmen lassen sich die in Porträts vorgestellten Wildkräuter als Salat zubereiten.

Vorspeisen sollen leicht sein und den Appetit für die Hauptspeise fördern. Die bitterstoffreichen Wildkräuter wirken anregend auf die Verdauungssäfte und damit appetitanregend. Neben Wildsalaten sind daher auch andere leichte Wildkräutergerichte als Vorspeisen ideal geeignet, wobei die Kräuter bevorzugt roh verwendet werden sollten.

Abkürzungen:
EL = Esslöffel
TL = Teelöffel
l = Liter

Kartoffelsalat mit Löwenzahn

Für 2–3 Personen
800 g festkochende Kartoffeln
1 kleine Zwiebel
2 Gewürzgurken
⅛ l Gemüsebrühe
1 EL Essig
Salz
Pfeffer
4 EL Öl
1 TL Senf
1 Bund Schnittlauch
1 Handvoll junge (bis fingerlange) Löwenzahnblätter

1 Kartoffeln waschen, kochen, schälen und in dünne Scheiben oder in kleine Würfel schneiden. Zwiebel abziehen und fein hacken, Gewürzgurken in kleine Würfel schneiden.

2 Gehackte Zwiebel und Gurkenwürfel zu den Kartoffeln geben.

3 Essig, Salz und Pfeffer in die heiße Gemüsebrühe rühren und diese über die noch warmen Kartoffeln schütten. Kartoffeln abdecken und einige Minuten durchziehen lassen.

4 Öl und Senf verrühren, Schnittlauch und Löwenzahnblätter waschen, abtupfen, fein schneiden, zu den Kartoffeln geben und alles vorsichtig, aber gründlich mischen.

Tipp: Statt Löwenzahnblättern können auch Blätter der Brunnenkresse, des Großen Wiesenknopfs oder des Wiesenschaumkrauts verwendet werden.

Wildkräuter-Quark

Für 2 Personen
250 g Magerquark
50 g Joghurt
1 TL Öl
Salz
Pfeffer
1 Handvoll junge Wildkräuterblätter (z. B. Bachbunge, Bärlauch, Brunnenkresse, Gänseblümchen, Gänsefingerkraut, Giersch, Gundermann, Hirtentäschel, Löwenzahn, Sauerampfer, Schafgarbe, Vogelmiere, Waldsauerklee, Wegwarte, Wiesenknopf, Wiesenschaumkraut) einige Blüten (beispielsweise Märzveilchen oder Gundermann, Gänseblümchen-Köpfe)

1 Quark mit Joghurt und Öl verrühren und mit Salz und Pfeffer abschmecken.

2 Wildkräuterblätter waschen, abtupfen und trocknen lassen, fein wiegen und unter den Quark rühren. Mit Blüten garnieren.

Servieren als Brotaufstrich oder zu rohem Gemüse und zu Pellkartoffeln.

Wildkräuter-Butter

1 Handvoll frische Wildkräuterblätter (z. B. Bärlauch, Brunnenkresse, Dost, Gundermann, Knoblauchsrauke, Schafgarbe, Wiesenschaumkraut)
100 g Butter
1 Knoblauchzehe (entfällt bei Verwendung von Bärlauch oder Knoblauchsrauke)
1 TL Zitronensaft
Salz
Pfeffer

1 Wildkräuterblätter waschen, abtupfen und trocknen lassen, fein hacken. Butter bei Zimmertemperatur weich werden lassen, Kräuer untermischen.

2 Knoblauchzehe schälen, durch die Knoblauchpresse drücken und mit der Buttermasse verrühren. Mit Zitronensaft, Salz und Pfeffer abschmecken.

3 Butter zu einer Rolle formen und im Kühlschrank fest werden lassen.

Geeignet als Vorspeise mit frischem Baguette, als Beilage zu gegrilltem Fleisch oder Fisch, als Gewürz an Suppen und Saucen. Hält sich im Kühlschrank 2–3 Tage.

Bohnenpüree mit Gundermann

Für 4 Personen
300 g getrocknete weiße Bohnen
3 Salbeiblätter
etwa 40 junge Gundermannblätter
2 Knoblauchzehen
5 EL Olivenöl
Salz
Pfeffer

1 Bohnen etwa 8–10 Stunden in kaltem Wasser einweichen. Abgießen und in 1 l Wasser kochen lassen.

2 Salbei- und Gundermannblätter waschen und abtupfen. Nach etwa 1 Stunde Kochzeit 2 Salbei- und etwa 30 Gundermannblätter zu den Bohnen geben.

3 Die weich gekochten Bohnen (nach etwa 1 ½ Stunden Kochzeit) im Kochwasser mit dem Pürierstab pürieren.

4 Knoblauchzehen abziehen, fein hacken und dann zusammen mit 3 EL Olivenöl unter die Masse rühren.

5 Püree mit Salz und Pfeffer abschmecken und in eine Schüssel füllen.

6 Restliches Olivenöl in einer Pfanne erhitzen, restliche Salbei- und Gundermannblätter unter Rühren anbraten und auf das Püree geben. Püree eventuell noch mit frischen Gundermannblättern garnieren.

Wildkräuter-Suppen

Mit Wildkräutern lassen sich sowohl klare als auch gebundene Suppen herstellen oder verfeinern. Als Bindemittel bieten sich neben der früher beliebten Mehlschwitze insbesondere auch Kartoffeln, Haferflocken, püriertes Gemüse, Mais- oder Kartoffelstärke an. Zarte Blätter und Sprosse werden nie längere Zeit mitgekocht, sondern erst kurz vor Ende der Garzeit zugegeben. Eine einfache klare Fleisch- oder Gemüsebrühe kann durch eine Suppeneinlage wie Wildkräuterspätzle, -nockerl oder -fritatten (-flädle) etwas Besonderes werden.

Am Gründonnerstag war es noch bis ins 20. Jahrhundert in vielen Gegenden üblich, eine Suppe aus verschiedenen Wildkräutern auf den Tisch zu bringen. Die Rezepte enthielten oft 3, 7 oder 9 verschiedene Arten. Eine solche »Neunerstärke« war je nach Jahreszeit, Region oder Familientradition etwas unterschiedlich zusammengesetzt, etwa aus Bachbunge, Brennnessel, Gänseblümchen, Gundermann, Giersch, Sauerampfer, Sauerklee, Schafgarbe, Wiesenknöterich.

Dinkelsuppe mit Wildkräutern

Für 2 Personen
25 g Dinkelvollkornmehl
1 EL Olivenöl
½ l Milch, ½ l Wasser
25 g gemischte Kräuter (beispielsweise Gänsefingerkraut, Weißer Gänsefuß, Knopfkraut, Wilde Malve, Sauerampfer, Schafgarbe, Spitzwegerich, Vogelmiere, Wiesenklee)
Salz
weißer Pfeffer, frisch gerieben
Muskatnuss, frisch gerieben

1 Dinkelmehl in heißem Öl rösten, bis es duftet. Wasser und Milch mischen, unter Rühren langsam in den Topf gießen und aufkochen. 10 Minuten köcheln lassen, dabei immer wieder umrühren.

2 Kräuter waschen, trockentupfen, fein hacken. Kräuter in die Suppe rühren und weitere 5 Minuten bei geringer Hitze kochen lassen.

3 Suppe mit Salz, Pfeffer und Muskatnuss abschmecken.

Bärlauch-Suppe

Für 2 Personen
1 kleine Zwiebel
1 Lorbeerblatt
1 Salbeiblatt
2 EL Öl
½ l Wasser
⅜ l Milch
100 g Bärlauchblätter
1 Schuss trockener Weißwein
4 EL saure Sahne
Semmelwürfel
1 TL Butter
Salz
weißer Pfeffer

1 Zwiebel abziehen, klein hacken. Lorbeer- und Salbeiblatt waschen, trockentupfen, mit Bindfaden umwickeln und zusammen mit der Zwiebel in Öl andünsten.

2 Mit Wasser und Milch aufgießen und einige Minuten köcheln lassen. Dann das Gewürzbündel entfernen.

3 Bärlauchblätter grob hacken, zusammen mit einem Schuss Wein in die Flüssigkeit geben, diese einige Minuten köcheln lassen.

4 In der Zwischenzeit Semmelwürfel in Butter goldgelb rösten.

5 Suppe mit Salz und frisch gemahlenem Pfeffer abschmecken. In Teller füllen. Mit saurer Sahne und Semmelwürfeln servieren.

Hauptgerichte und Beilagen

Viele Wildkräuter lassen sich zu hervorragenden und sehr schmackhaften Gemüsegerichten verarbeiten, die als Hauptspeisen oder als Beilagen, manche auch als Vorspeisen gereicht werden können.

Wildgemüse (»Wildspinat«)

Das aus Blättern verschiedener Wildpflanzen bereitete Gemüse wird in älteren Rezeptbüchern meist als »Wildspinat« bezeichnet, da es als Beilage den Gartenspinat ersetzte. Während man früher Gemüse meist erst in Wasser kochte, dann möglichst fein passierte und in eine Einbrenne gab, bemüht man sich heute, die Inhaltsstoffe so weit wie möglich zu erhalten, etwa durch Dünsten im geschlossenen Topf unter Zugabe von wenig Wasser und Fett oder durch das Pfannenrühren. Es empfiehlt sich, Wildgemüse anfangs nur als Beigabe zum Gartengemüse zu verwenden, etwa Spinat mit einer Zugabe von Bärlauch, Brennnessel, Löwenzahn oder Vogelmiere. Neben Kartoffeln und Sahne mildern auch Mehl, Haferflocken, Kartoffelstärke und Zwiebeln einen zu strengen Geschmack. Ebenso wie Spinat inzwischen längst über seine Rolle als Beilage hinausgewachsen ist, ergeben sich auch für »Wildspinat« viele Verwendungsmöglichkeiten, etwa in Aufläufen, als Fülle in Pfannkuchen und Teigtaschen oder als Belag einer pikanten Torte.

Wildspinat-Strudel

Zutaten für 1 Strudel
Teig
250 g Mehl (Weizen oder Dinkel, Type 1050)
1 Ei
1 EL Öl
7–8 EL Wasser
Salz
Öl zum Dünsten

Füllung
100 g Schafskäse
4 Zehen Knoblauch
Spinatmischung (Blätter von Gartenspinat, Blätter von Wildkräutern wie Brennnessel, Taubnessel, insgesamt etwa 700 g)
Salz
Pfeffer
Öl (Einfetten der Form, Bepinseln)

1 Mehl, Ei, Öl, Wasser, Salz zu einem eher festen Teig verkneten. Teig zugedeckt im Kühlschrank mindestens 1 Stunde ruhen lassen.

2 Spinat- und Wildkräuterblätter von groben Stielen befreien, waschen, in einem Sieb abtropfen lassen.

3 Topfboden mit Öl bedecken, erhitzen; Spinat und Wildkräuterblätter darin zusammenfallen lassen.

Eine Mischung aus Spinat und Wildkräutern ergibt zusammen mit Käse eine köstliche Strudelfüllung.

4 Knoblauchzehen schälen und zerdrücken. Knoblauch, Salz und Pfeffer der Spinatmasse zugeben und gut mischen.

5 Kräutermasse auf einem Sieb abtropfen und etwas abkühlen lassen, dann auf einem Brett grob hacken.

6 Teig auf einem bemehlten Küchentuch nicht zu dünn auswellen; Kräutermasse darauf verteilen; zerbröckelten Käse darüber streuen. Teig aufrollen; in eine feuerfeste, gefettete Form legen; mit Öl bepinseln.

7 Strudel im vorgeheizten Backofen (180–190° C) auf unterster Stufe etwa 45 Minuten hellbraun backen. Zwischendurch Strudel mit Öl bepinseln, eventuell gegen Ende der Backzeit mit Backpapier abdecken.

Stängelgemüse, Wurzelgemüse

Die geschälten oder ungeschälten Stängel mancher Arten mit kräftigeren Stängeln wie Beinwell, Guter Heinrich, Klette, Wiesenbocksbart lassen sich ähnlich wie Spargel bereiten. Man kann sie auch in kleinere Stücke geschnitten in wenig Salzwasser (nicht zu) weich kochen. Die in einem Sieb abgetropften Stängelstücke gibt man dann in eine helle Sauce und verfeinert mit Sahne. Man kann aus den abgekühlten Stängelstücken – mit Zitronensaft, Öl und gekochtem Ei – auch einen Salat zubereiten.

Die Wurzeln von Klette, Wilder Möhre, Nachtkerze und Pastinak können ebenfalls als Gemüse oder Salat zubereitet werden. Auch Löwenzahn- und Wegwartenwurzeln wurden früher kulinarisch verwendet.

Nachtkerzenwurzel in Sahne

Für 2 Personen
300 g Nachtkerzenwurzel
1 kleine Zwiebel
Öl zum Dünsten
⅛ l süße Sahne
50 g gekochter Schinken, in Würfel geschnitten
Salz
Pfeffer
Petersilie

1 Wurzel zunächst gründlich reinigen und abschaben. Die nach dem Abschaben etwas schleimigklebrige Wurzel ähnlich wie Schwarzwurzel sofort in Essigwasser legen, um ein Verfärben zu verhindern. Abtrocknen und in etwa 1 cm dicke Stücke schneiden.

2 Petersilie waschen, trockentupfen, hacken.

3 Zwiebel schälen, fein hacken und in wenig Öl andünsten. Die Wurzelstücke, den gewürfelten Schinken sowie wenig Wasser zugeben.

4 Wurzelstücke in etwa ¼ Stunde weich dünsten. Sahne zugeben. Salzen, pfeffern und zum Schluss die Petersilie unterrühren. Dazu passen Pellkartoffeln, Reis oder Nudeln.

3 Olivenöl in einer Pfanne erhitzen, Bärlauch zugeben und andünsten.

4 Spaghetti und Parmesan in die Pfanne geben und auf ausgeschalteter Herdplatte vorsichtig vermischen. Mit Salz und Pfeffer abschmecken und würzen.

Tipp: Statt Bärlauch kann auch eine Wildkräutermischung, etwa junge Blätter von Brennnessel, Spitzwegerich und Giersch, verwendet werden. Man dünstet die gehackten Blätter mit 1–2 Zehen fein gehacktem Knoblauch an.

Bärlauch-Spaghetti

Für 2 Personen
100 g Bärlauchblätter
250 g Spaghetti
100 g geriebener Parmesan
Olivenöl
Salz
Pfeffer

1 Bärlauchblätter waschen, trockentupfen, grob hacken.

2 Spaghetti kochen, sodass sie noch etwas »Biss« haben.

Frischkäsetorte mit Wiesenknöterich

Für 3 Personen

Teig
175 g Mehl
1 Ei
½ TL Salz
75 g kalte Butter

Belag
200–300 g junge Wiesenknöterichblätter mit Stielen
3 Knoblauchzehen
350 g Ricotta (oder anderer Frischkäse)
1 Ei
50 g süße Sahne
50 g geriebener Käse
Salz, Pfeffer, Muskat

1 Mehl, Ei, Salz und die in Flöckchen geschnittene Butter rasch zu einem glatten Teig verkneten.

2 Obstkuchenform (Quicheform) oder Springform (26 cm Durchmesser) einfetten, Boden und Rand mit dem Teig auskleiden. Teig mehrmals mit einer Gabel einstechen und zugedeckt etwa 30 Minuten kühlstellen.

3 Wiesenknöterichblätter waschen, abtropfen lassen, in kochendes Wasser geben und kurz aufkochen. Blätter auf einem Sieb abtropfen lassen, fein hacken oder wiegen.

4 Knoblauch abziehen, hacken oder durch die Presse drücken. Ricotta, Knoblauch, Ei, Sahne, geriebenen Käse sorgfältig mischen, Wiesenknöterichblätter unterrühren.

5 Masse mit Salz, Pfeffer und Muskat abschmecken und auf dem Teigboden verteilen.

6 Torte bei 200 °C im vorgeheizten Backofen etwa 45 Minuten backen. Gegen Ende der Backzeit eventuell mit Alufolie oder Backpapier abdecken.

Tipp: Auch eine Mischung aus mild und intensiver schmeckenden Kräutern (etwa aus Blättern von Brennnessel, Weißem Gänsefuß, Knopfkraut, Schafgarbe, Spitzwegerich, Wiesenknöterich, Vogelmiere) oder eine Wildkräuter-Spinat-Mischung können dazu verwendet werden.

Kartoffelgratin mit Dost

Für 2 Personen
1 kg Kartoffeln
Olivenöl für die Form
2 Knoblauchzehen
200 ml Milch
100 ml süße Sahne
2–3 EL Dostblätter, gewaschen, trocken getupft, fein gewiegt
50 g geriebener Käse
Pfeffer und Salz

1 Kartoffeln schälen, waschen, in dünne Scheiben schneiden und dachziegelartig in eine mit Öl ausgestrichene große, flache Auflaufform schichten.

2 Knoblauch abziehen und zerdrücken. Milch, Sahne, Knoblauch, Dost und Käse vermischen und mit Salz und Pfeffer würzen.

3 Masse über die Kartoffeln gießen. Form abdecken und im vorgeheizten Backofen bei 190 °C etwa 45 Minuten backen.

4 Abdeckung entfernen und Gratin noch etwa 10 Minuten leicht bräunen lassen.

Tipp: Auch andere Wildkräuter wie Blätter von Brennnessel, Frauenmantel, Gundermann oder Schafgarbe können verwendet werden.

Giersch-Pfannkuchen

Für 2 Personen
200 g Mehl
2 Eigelb
2 Eiweiß
⅜ l Milch
Salz
4 EL Gierschblätter, gewaschen, trocken getupft, fein gewiegt
Öl zum Backen

1 Mehl, Eigelb, Milch und Salz zu einem glatten Teig verrühren. Teig etwa ½ Stunde stehen lassen. Gierschblätter unterrühren.

2 Die Eiweiß zu Schnee schlagen, Eischnee unterziehen.

3 In heißem Öl in der Pfanne dünne Pfannkuchen backen.

Dazu passen Tomatensalat, grüner oder gemischter Salat; Tomatensauce.

Tipp: Statt Gierschblättern können auch Blätter anderer Wildkräuter wie beispielsweise Bärlauch, Löwenzahn, Weiße Taubnessel, Wiesenschaumkraut verwendet werden. Blätter von Beinwell oder Lungenkraut können als Ganze in den Teig getaucht und in der Pfanne gebacken werden.

Brennnessel-Knödel

Für 2 Personen
150 g junge Brennnesselblätter
400 g gekochte und abgekühlte Kartoffeln
1 Ei
100 g geriebener Parmesan
100 g Dinkel- oder Weizenmehl
75 g Dinkel- oder Weizengrieß
2–3 Knoblauchzehen
Salz
Pfeffer
Muskat
50 g Butter

1 Brennnesselblätter waschen, abtropfen lassen, in kochendes Wasser geben und kurz aufkochen. In einem Sieb abtropfen lassen, ausdrücken und fein hacken.

2 Kartoffeln schälen, mit einer Gabel zerdrücken, dann nach Belieben noch durch ein Sieb streichen.

3 Ei, 80 g Parmesan, Mehl, Grieß und Brennnesseln unter die Kartoffelmasse mischen. Knoblauchzehen schälen, zerdrücken und zugeben. Gut durchkneten.

4 Knödelteig mit Salz, Pfeffer und Muskat abschmecken und gut verkneten.

5 Kleine Knödel formen, in kochendes Salzwasser geben, kurz aufkochen, dann etwa 10 Minuten ziehen lassen.

6 Butter schmelzen lassen.

7 Knödel mit dem Schaumlöffel aus dem Wasser nehmen, geschmolzene Butter darüber gießen und anschließend mit dem restlichen Parmesan bestreuen.

Tipp: Auch eine Kräutermischung, etwa aus Spinat und Brennnesseln oder aus Brennnesseln, Spitzwegerich, Giersch, ist geeignet.

Kräuter-Sahne-Sauce (mit Sauerampfer)

Für 2 Personen
1 Handvoll Sauerampferblätter
1 EL Öl
1 gehäufter TL Mehl
½ Tasse Gemüsebrühe
50 ml süße Sahne
Salz, Pfeffer
Zucker

1 Sauerampferblätter von dickeren Stielen befreien, waschen, trockentupfen, fein wiegen.

2 Sauerampfer in Öl andünsten, Mehl darüber stäuben, nach und nach unter Rühren Gemüsebrühe zugießen. Etwa 5 Minuten köcheln lassen.

3 Sahne zugeben. Mit Salz, Pfeffer und einer Prise Zucker abschmecken.

Passt zu gekochtem Rindfleisch, kaltem Braten, Pellkartoffeln oder Nudeln.

Tipp: Statt Sauerampfer kann man auch Waldsauerklee- oder andere Wildkräuterblätter wie beispielsweise von Frauenmantel, Giersch, Hasel, Hirtentäschelkraut, Spitzwegerich, Vogelmiere oder Wiesenschaumkraut verwenden.

Nachspeisen

Wildkräuter mit ihren Blättern und Blüten sowie fleischige oder harte Wildfrüchte bieten viele Möglichkeiten für besondere Nachspeisen, wobei sich auch die Aromatisierung von Milch, Wasser oder Wein durch duftende Blüten oder würzige Kräuter anbietet. Kandierte Blüten oder Blätter verwandeln selbst einfache Puddinge, Cremes oder Obstsalate in ein optisch ansprechendes und interessant schmeckendes Dessert.

Rosenblüten-Pudding

Für 2 Personen
½ l Milch
2–3 Handvoll Blütenblätter duftender Wildrosen (z. B. Hundsrose)
35 g Speisestärke (oder 1 Päckchen Puddingpulver mit Sahnegeschmack)
2 EL Zucker
Kandierte Rosenblütenblätter (siehe S. 149)

Nachspeisen 135

1 Rosenblütenblätter einige Stunden in der Milch ziehen lassen. Abseihen.

2 Speisestärke in etwas Milch anrühren. Zucker in der übrigen Milch auflösen und diese zum Kochen bringen. Milch-Stärke-Mischung hineinrühren, aufkochen.

3 Pudding in eine Form füllen, die zuvor mit kaltem Wasser ausgespült wurde, und einige Stunden im Kühlschrank fest werden lassen.

4 Pudding stürzen und mit den kandierten Rosenblütenblättern garnieren.

Tipp: Auch Blüten von Märzveilchen, Schlüsselblume oder Schwarzem Holunder können zur Aromatisierung verwendet werden.

Hollerkücherl

Für 2 Personen
8–12 Holunderblütendolden mit Stiel (Schwarzer Holunder)
8 EL Mehl
12 EL Wasser
2 Eigelb
2 Eiweiß
1 Prise Salz
Öl zum Braten
Vanillezucker und Zucker zum Bestreuen

1 Blütendolden ausschütteln, behutsam waschen, auf einem Tuch trocknen lassen.

2 Aus Mehl, Wasser, Eigelb und Salz einen geschmeidigen Teig rühren und mindestens ½ Stunde ruhen lassen.

3 Eiweiß zu Eischnee schlagen und vorsichtig unterziehen.

4 Blütendolden am Stiel fassen, in den Teig tauchen, in die Pfanne mit dem heißen Fett legen und backen.

5 Nach einiger Zeit Stiele mit einer Schere abschneiden, Kücherl wenden und auf dieser Seite backen.

6 Kücherl herausnehmen und mit der Vanillezucker-Zucker-Mischung bestreuen.

Tipp: Die beschriebene Methode ist etwas für Personen, die Fett sparen wollen. Mit genügend Fett können die Kücherl samt Stiel auch schwimmend ausgebacken werden.

Haselnuss-Eis

Dieses auf einfache Weise und ohne Eizugabe hergestellte Eis hat zwar nicht die Luftigkeit und Cremigkeit eines Fertigprodukts oder eines in der Eismaschine hergestellten Eises, schmeckt aber trotzdem gut.

100 ml Milch
150 ml süße Sahne
50 g Zucker
50 g (nach Belieben geröstete) gemahlene Haselnüsse

1 Milch, Sahne, Zucker und Nüsse unter Rühren bis kurz vor dem Sieden erhitzen, aber nicht aufkochen.

2 Die Creme im Wasserbad unter zeitweiligem Rühren abkühlen lassen.

3 Im Kühlschrank vorkühlen, ab und zu mit einer Gabel vorsichtig umrühren.

4 In Gefrierdose füllen und für ½ Stunde ins Gefrierfach stellen.

5 Gefrierdose herausnehmen, Masse umrühren, Oberfläche glätten. Deckel der Gefrierdose aufsetzen und Masse im Gefrierfach einige Stunden zu Eis gefrieren lassen.

Kuchen und Torten mit Wildfrüchten

Frische Walderdbeeren, Himbeeren, Brombeeren, Heidelbeeren sind – roh oder mitgebacken – besonders als Belag oder Füllung für Mürb- oder Biskuitteig geeignet. Andere Früchte wie die von Wild- und Traubenkirsche, Eberesche, Weißdorn, Schlehdorn oder Hagebutten müssen zunächst zu Mus (siehe S. 141), Konfitüre (siehe S. 141) oder Gelee (siehe S. 141) verarbeitet werden, ehe sie als Aufstrich oder Füllung dienen. Kandierte Blüten oder Früchte (siehe S. 149) können Kuchen, Torten oder Kleingebäck verzieren.

Himbeer-Quark-Kuchen

100 g Butter
80 g Zucker
2 Eier
1 EL Grieß
½ Päckchen Vanillepuddingpulver
½ kg Magerquark
300–500 g Himbeeren

1 Butter, Zucker und Eier zu einer Schaummasse schlagen. Das mit Grieß vermischte Puddingpulver und den Quark unterrühren.

2 Masse in eine runde oder rechteckige flache Backform füllen und glattstreichen.

3 Die Himbeeren waschen, vorsichtig trockentupfen, auf der Quarkmasse verteilen, mit dem Löffelrücken vorsichtig in die Masse hineindrücken.

4 Im vorgeheizten Backofen bei 175 °C etwa 40–45 Minuten backen. Gegen Ende der Backzeit eventuell mit Backpapier abdecken, um eine zu starke Bräunung zu vermeiden.

Wer mag, bestreut den Kuchen vor dem Servieren mit Puderzucker oder etwas geriebener Schokolade.

Tipp: Statt Himbeeren eignen sich etwa auch Brombeeren oder Heidelbeeren.

Herbstkuchen

200 g Butter
200 g Vollrohrzucker
4 Eier
50 g Haselnüsse, gemahlen
1 TL Zimt, 2 TL Kakao
200 g Dinkelmehl (Type 1050)
150 g Dinkel-Vollkornmehl
2 TL Backpulver
Hagebuttenmark
Schokoladenglasur

1 Butter, Zucker und Eier schaumig rühren. Haselnüsse unter die Masse rühren.

2 Mehlsorten, Zimt, Kakao und Backpulver vermischen und unterheben.

3 Teig in eine Springform füllen und bei 180 °C etwa 55 Minuten backen. (Eventuell in der 2. Hälfte der Backzeit alles mit Backpapier abdecken.)

4 Kuchen nach dem Erkalten durchschneiden, die beiden Hälften mit Hagebuttenmark bestreichen und wieder aufeinandersetzen.

5 Kuchen außen dünn mit Hagebuttenmark bestreichen. Mark etwa 15 Minuten einziehen lassen, dann den Kuchen mit nach Anleitung zubereiteter Schokoladenglasur überziehen.

Tipp: Man kann auch Konfitüre oder Gelee anderer Wildfrüchte wie Brombeeren, Heidelbeeren und Preiselbeeren verwenden.

Säfte und Sirup

Für die Saftbereitung nimmt man vollreife Früchte. Will man den Saft weiter zu Gelee verarbeiten, sollte ein Teil nicht ganz ausgereifter Früchte dabei sein, weil diese einen höheren Pektingehalt haben.

Der Saft kann heiß, bei dazu geeigneten Früchten auch kalt gewonnen werden. Bei Verfahren ohne Hitzeeinwirkung bleiben mehr Inhaltsstoffe erhalten, die Säfte sind jedoch nur kurze Zeit haltbar und müssen, falls eine längere Haltbarkeit gewünscht wird, pasteurisiert oder eingefroren werden. Für die kalte Saftgewinnung sind im Handel Elektroentsafter und Handpressen in unterschiedlichen Größen erhältlich. Nur wenn man häufiger größere Mengen entsaftet, lohnt die Anschaffung eines Dampfentsafters.

Für kleinere Saftmengen empfiehlt sich das Ablaufverfahren, das keine Geräte erfordert: Für die kalte Saftgewinnung lässt man die leicht zerdrückten Früchte – mit oder ohne Zuckerzusatz – einige Zeit zugedeckt stehen (je nach Rezept: über Nacht, 24 Stunden oder länger). Die Masse schüttet man anschließend in ein Mulltuch oder einen Mullbeutel. Das Tuch wird zwischen den Beinen eines umgedrehten Hockers ausgespannt, der Beutel aufgehängt. Der im Verlauf mehrerer Stunden oder über Nacht ablaufende Saft wird in einer Schüssel aufgefangen.

Durch Pasteurisieren kann eine längere Haltbarkeit kalt gewonnener Säfte erreicht werden: Der Saft wird in sorgfältig gereinigte Flaschen gefüllt und diese so ins Wasserbad (Topf oder Kessel) gestellt, dass sie sich nicht berühren. Man erhitzt auf etwa 80 °C und hält diese Temperatur 15–20 Minuten. Anschließend verschließt man die Flaschen sofort mit einige Minuten lang ausgekochten Korken oder Gummikappen.

Für die heiße Saftgewinnung dünstet man die leicht zerdrückten Früchte mit wenig Wasser weich und lässt anschließend den Saft wie oben beschrieben ablaufen.

Bei kalter und heißer Saftgewinnung sollen Tuch oder Beutel am Schluss nur leicht ausgedrückt werden.

Bei der Bereitung von Sirup wird Saft oder ein wässriger Auszug aus Pflanzen mit Zucker versetzt und zu einer sirupartigen Konsistenz eingekocht. Mit Sirup lassen sich etwa Nachspeisen verzieren und zugleich geschmacklich verfeinern, oder man bereitet daraus durch Verdünnen mit Wasser erfrischende Getränke.

Schlehen-Saft

500 g Schlehen
1 ½ l Wasser
100–150 g Zucker

1 Wasser zum Kochen bringen und gewaschene Schlehen in einem Topf damit übergießen. Abdecken und 24 Stunden kaltstellen.

2 Wasser abgießen, aufkochen und erneut über die Schlehen gießen. Wieder 24 Stunden kalt stellen. Dann das Verfahren wiederholen, ebenso an den nächsten beiden Tagen.

3 Den verbliebenen Saft mit Zucker 10 Minuten kochen und heiß in die vorbereiteten Flaschen einfüllen. Verkorken.

Mit Wasser verdünnt wird dieser Saft zum durstlöschenden Getränk. Er kann auch dem Haustee zugegeben, über Grießbrei oder Pudding gegossen, zu Waffeln oder Pfannkuchen gereicht werden.

Himbeer-Sirup

Reife Himbeeren
Zucker

1 Himbeeren zerdrücken, Fruchtmasse in eine Porzellan- oder Glasschüssel schütten. Schüssel mit einem Tuch bedecken und 2–3 Tage stehen lassen. Zwischendurch Fruchtmasse umrühren.

2 Ein Sieb mit einem Mulltuch auslegen und auf ein geeignetes Gefäß stellen, Himbeermasse hineinschütten und – am besten über Nacht – abtropfen lassen. Am Schluss Tuch vorsichtig auswringen.

3 Saft abmessen und mit Zucker vermischen: Für 500 ml Saft sollte man etwa 375 g Zucker verwenden.

4 Saft aufkochen, dabei immer wieder abschäumen. Einige Minuten kochen lassen, dann heiß in Flaschen füllen und diese sofort gut verschließen.

Dieser Sirup ist sehr vielfältig einsetzbar: verdünnt mit Wasser als erfrischendes Getränk, als Würze in Kräuter- und Früchtetee, als Beigabe zu Grießflammeri oder Vanillepudding, in Quark und Joghurt, in Salatsaucen und auch in Obstsalaten.

Holunderblüten-Sirup

4–6 Blütendolden des Schwarzen Holunder
¾ l Wasser
Zitronensaft
Zucker

1 Blütendolden ausschütteln und waschen. Etwa 15 Minuten in Wasser kochen.

2 Flüssigkeit auskühlen lassen, abseihen oder filtern. Zitronensaft zugeben.

3 Flüssigkeit abmessen und mit der gleichen Menge Zucker unter Rühren zu sirupartiger Masse einkochen.

Mit Holunderblüten-Sirup kann man Tee oder Desserts süßen.

Tipp: Ebenfalls für die Sirupbereitung geeignet: Blütenblätter von Hundsrose, Veilchenblüten, Blütenköpfe des Löwenzahn.

Gelee, Konfitüre, Mus aus Wildfrüchten

Gelee

Für Gelee werden Saft und Zucker im Verhältnis 1 : 1 so lange unter Rühren und gelegentlichem Abschäumen gekocht, bis die Gelierprobe positiv ausfällt. Dafür gibt man auf einen kalten Teller einen Tropfen der Flüssigkeit. Erstarrt dieser sofort, ist das Gelee fertig und wird in die sorgfältig gereinigten und heiß ausgespülten Schraubdeckelgläser gefüllt, die sofort verschlossen werden. Auch Mischungen sind möglich, wobei es sinnvoll sein kann, Früchte mit hohem Pektingehalt (Wildapfel, Eberesche, Traubenkirsche) mit solchen mit niedrigem Pektingehalt (beispielsweise Himbeeren, Brombeeren, Heidelbeeren) zu mischen. Eine Faustregel lautet: Je saurer eine Obstart ist, desto besser geliert sie in der Regel.

Tipp: Mitgekocht werden können nach Belieben auch Gewürze wie Vanille, Zimt, Ingwer oder Zitronensaft.

Ebereschen-Gelee

Ebereschenfrüchte
Wasser
Zucker

1 Ebereschenfrüchte über Nacht in Essiglösung (3 EL Essig auf 1 l Wasser) einlegen.

2 Früchte sorgfältig waschen, in einem Kochtopf mit Wasser bedecken und unter gelegentlichem Umrühren weichkochen.

3 Die Masse in ein Tuch schütten, den Saft abfließen lassen.

4 Saft abmessen, mit der gleichen Menge Zucker (beispielsweise auf 500 ml Saft 500 g Zucker) zum Kochen bringen und bis zur Gelierprobe kochen.

5 Gelee heiß in Schraubdeckelgläser füllen und diese sofort verschließen.

Das ziemlich herbe Gelee passt – eventuell zusammen mit gedünsteten Birnen – besonders gut zu Wild.

Konfitüre

Konfitüren werden im Gegensatz zu Gelee aus der ganzen Frucht hergestellt. Früher hat man zuckerhaltige und streichfähige Fruchtbreie als »Marmelade« bezeichnet und den Begriff »Konfitüre« auf stärker zuckerhaltige Marmeladen mit einem höheren Anteil ganzer Früchte oder Fruchtstücke beschränkt. Heute heißen nach EU-Verordnung sämtliche Marmeladen mit Ausnahme von solchen aus Zitrusfrüchten Konfitüre.

Grundregel für Konfitüre: Für 1 kg Früchte verwendet man 750 g Zucker. Man lässt die zerdrückten oder zermahlenen Früchte mit dem Zucker einige Stunden stehen und kocht dann unter Rühren und Abschäumen bis zur positiven Gelierprobe.

Während bei Früchten wie Erdbeeren, Himbeeren, Brombeeren oder Heidelbeeren die kleinen Kerne in der Fruchtmasse belassen werden, müssen bei Früchten wie Holzäpfeln, Kornelkirschen, Schlehen, Traubenkirschen, Vogelkirschen und auch bei Hagebutten die Kerne beziehungsweise die Steine durch ein Sieb entfernt werden. Deshalb stellt man ein Mus (Mark) her. Dieses kann man entweder direkt verwenden oder auch mit der entsprechenden Zuckermenge zu einer Konfitüre weiterverarbeiten.

Traubenkirschen-Konfitüre

500 g Gewöhnliche Traubenkirschen, verlesen, gewaschen, trockengetupft
Wasser
400 g Zucker

1 Traubenkirschen mit Wasser bedecken, weichkochen.

2 Masse durch ein Sieb passieren, sodass die Steine als Ganze zurückbleiben.

3 Fruchtmus mit Zucker vermischen und bis zur Gelierprobe kochen.

4 Mus heiß in Schraubdeckelgläser füllen und Gläser sofort verschließen.

Schmeckt auf Brot, aber auch zu Fleisch wie Rinderbraten, kaltem Braten oder Hähnchen (warm oder kalt).

Tipp: Auch die Früchte etwa von Eberesche, Kornelkirsche, Schlehe, Vogelkirsche und Weißdorn können so zu einer Konfitüre verarbeitet werden.

Weißdorn-Apfel-Mus

300 g Weißdornfrüchte, 300 g Äpfel
Wasser, Honig

1 Weißdornfrüchte verlesen, waschen, trocken tupfen. Äpfel waschen, schälen, Kernhaus entfernen, in Stücke schneiden.

2 Weißdornfrüchte und Apfelstücke in einem Topf knapp mit Wasser bedecken, dann langsam weichkochen.

3 Masse durch ein Sieb streichen, sodass die Kerne zurückbleiben. Mus mit Honig süßen.

Schmeckt zu kurz gebratenem Fleisch, Sauerbraten, Wild, frisch gebackenen Waffeln oder Kartoffelpuffern.

Das Weißdorn-Apfel-Mus kann nach Belieben mit etwas gemahlenem Zimt oder Vanillepulver gewürzt werden.

Mus

Die Früchte werden in einem Topf mit Wasser bedeckt und weich gekocht. Man streicht die Masse anschließend durch ein Sieb und süßt das Mark nach Belieben mit Zucker oder Honig oder kocht es zu Konfitüre (siehe Traubenkirschen-Konfitüre).

Hagebutten-Mark: Hagebutten waschen und von Stiel und Blütenansatz befreien. Der Länge nach halbieren, Früchte (»Kerne«) entfernen. Fruchtschalen in einen Topf geben, knapp mit Wasser bedecken, über Nacht zugedeckt stehen lassen. Am nächsten Tag weichkochen und wie oben angegeben weiterverarbeiten.

Haustees und andere Getränke

Sogenannte Haustees sind aus getrockneten Kräutern oder/und Früchten hergestellte Aufgüsse oder Abkochungen, die der Flüssigkeitsaufnahme dienen und gut schmecken. Von Heiltees unterscheiden sie sich dadurch, dass sie zwar gewisse gesundheitsfördernde, aber keine spezifischen lindernden oder heilenden Wirkungen haben und dass sie über einen längeren Zeitraum getrunken werden können, ohne dass negative Auswirkungen zu befürchten sind.

Blätter- oder Blütentees werden als Aufgüsse zubereitet: Man überbrüht dazu 1–2 Teelöffel der getrockneten Blätter mit 1 Tasse kochendem Wasser, lässt den Aufguss zugedeckt 5–10 Minuten ziehen und seiht dann ab.
Früchte- oder Schalentees werden als Abkochung zubereitet. Getrocknete Weißdornfrüchte werden zerstoßen, mit Wasser übergossen, zum Kochen erhitzt, einige Minuten gekocht und dann abgegossen. Hagebuttenkerne (1 EL getrocknete Kerne auf ½ l Wasser) weicht man einige Stunden in Wasser ein und kocht sie darin dann etwa ½ Stunde. Die abgeseihte Flüssigkeit kann man nach Belieben mit Sahne, Zimt und Honig würzen. Man kann auch Schalen und gemahlene oder zerdrückte Kerne der Hagebutten zusammen 10 Minuten kochen oder 1 EL getrocknete Hagebutten-Fruchtschalen mit 1 Tasse siedendem Wasser übergießen und anschließend zugedeckt 10–15 Minuten ziehen lassen.

Beispiele für Haustees: Getrocknete Himbeer-, Brombeer-, Walderdbeerblätter, getrocknete Hagebuttenschalen und/oder -kerne, getrocknete Weißdornblätter und -blüten, getrocknete Weißdornfrüchte sind Grundlage eines Haustees. Eine »klassische« Hausteemischung besteht aus Himbeer-, Brombeer- und Walderdbeerblättern.

Als Würze und zur Verfeinerung eignen sich Sahne, Zucker, Honig, Himbeer-Sirup, Vanille, Zimt, Ingwer.

Früher hat man Brombeerblätter – auch gemischt mit Himbeer- und Walderbeerblättern – unter Wärmeeinwirkung fermentieren lassen und sie anschließend getrocknet. Sie dienten dann als Ersatz für Schwarztee.

Hausteemischung »klassisch«

4 Teile getrocknete Himbeerblätter
2 Teile getrocknete Erdbeerblätter
1 Teil getrocknete Brombeerblätter

1 Die getrockneten Blätter vermischen, in ein Glas geben, dieses verschließen.

2 Für die Teebereitung 1 TL der Mischung mit 1 Tasse kochendem Wasser übergießen. Zugedeckt 5–10 Minuten ziehen lassen. Abseihen.

3 Nach Belieben ungesüßt trinken oder mit etwas Zucker oder Honig süßen.

Verschiedene alkoholfreie Erfrischungsgetränke lassen sich aus wässerigen Blütenauszügen, Fruchtsäften, Blüten- oder Fruchtsirup herstellen.

Seit alters geschätzt sind alkoholische Auszüge aus Wildkräutern oder -früchten mit Hilfe von Wein oder Branntwein (z. B. Wodka) oder die Vergärung von Wildpflanzenansätzen zu »Wein« oder »Sekt«.

bitter wird. Falls gewünscht, Zucker zugeben. Nach etwa 20 Minuten Sträußchen entfernen.

4 Restlichen Wein und unmittelbar vor dem Servieren gekühlten Sekt hinzugeben. Wer mag, kann zur optischen Verschönerung ein paar Gundermannblüten in den Wein geben.

Waldmeister-Bowle (»Maiwein«)

1 kleines Sträußchen Waldmeisterkraut (Blüten noch nicht entfaltet)
2 l Weißwein
1 Flasche Sekt
Zucker nach Belieben

1 Waldmeister waschen, trocken tupfen und auf einer Unterlage im Schatten ausbreiten. Einige Stunden anwelken lassen, damit sich das Aroma entfalten kann.

2 Waldmeister mit Bindfaden zu einem Sträußchen bündeln.

3 1 l Weißwein in ein Gefäß gießen und das Waldmeistersträußchen so in den Wein hängen, dass die Stängel nicht mit der Flüssigkeit in Berührung kommen, da die Bowle sonst

Tipp: Auch Früchte wie Himbeeren, Brombeeren, Walderdbeeren eignen sich für die Herstellung von Bowlen. Anders als bei der Waldmeisterbowle bleiben die Früchte im Wein und werden gegessen.

Holunderblüten-Limonade

15 Blütendolden des Schwarzen Holunder
1 ½ l Wasser, Saft von 1–2 Zitronen
Honig oder Zucker nach Belieben
1 Flasche Mineralwasser

1 Blütendolden ausschütteln, waschen und 24 Stunden im Wasser ziehen lassen.

2 Wasser mit den Blütendolden aufkochen, abkühlen lassen, abseihen.

3 Zitronensaft untermischen. Nach Belieben mit Honig oder Zucker süßen. Mit Mineralwasser aufgießen.

Holunder-Sekt

3–4 große Blütendolden des Schwarzen Holunder
3 l Wasser
Saft von 1 Zitrone, 100 ml Essig
250 g Zucker

1 Blütendolden gründlich ausschütteln und in ein großes Gefäß aus Glas oder Porzellan legen. Wasser mit Zitronensaft, Essig und Zucker vermischen und gleichmäßig über die Blüten gießen.

2 Ansatz zugedeckt etwa 36 Stunden bei Zimmertemperatur stehen lassen. Die Blütendolden sollen stets völlig von der Flüssigkeit bedeckt sein, gegebenfalls mit einem Holzlöffel hineindrücken.

3 Flüssigkeit durch ein Tuch filtern.

4 Flüssigkeit in Flaschen mit dickeren Glaswänden (Sektflaschen) einfüllen, verkorken. Korken mit Schnur oder Blumendraht sichern, da die Flüssigkeit in der Flasche noch gärt.

Der »Sekt« soll 8 Wochen liegend ruhen, ehe man ihn pur oder mit Wasser verdünnt als erfrischendes Getränk genießt.

Himbeer-Likör

400 g Himbeeren
(alternativ Brombeeren, Hagebutten etc.)
1 Vanillestange
1 Flasche Korn
125 g Zucker
¼ l Wasser

1 Die verlesenen Himbeeren in ein Glas (z. B. Einmachglas) geben, eine Vanillestange der Länge nach halbieren und zugeben, mit dem Korn übergießen und das Glas anschließend fest verschließen.

2 Glas an einem warmen Ort etwa 4 Wochen stehen lassen.

3 Flüssigkeit filtern.

4 125 g Zucker in ¼ l Wasser auflösen und die Lösung 10 Minuten kochen lassen. Nach dem Erkalten sorgfältig mit dem Himbeerschnaps mischen.

5 Likör in saubere Flaschen füllen, diese anschließend fest verschließen.

Likör mindestens 6 Wochen ruhen lassen.

Tipp: Für die Likörherstellung ebenfalls geeignet sind Berberitzen, Brombeeren, Hagebutten, Früchte des Schwarzen Holunder, Haselnüsse, Heidelbeeren, Preiselbeeren, Sanddornfrüchte, Schlehen (Früchte einstechen), Walderdbeeren.

Wildkräuteressig und -öl

Essig und Öl bewahren als Trägersubstanzen das Aroma frischer Wildkräuter über längere Zeit. Man verwendet am besten Olivenöl, weil dieses länger haltbar ist als Öle mit einem hohen Anteil an mehrfach ungesättigten Fettsäuren. Wie beim Öl ist auch bei der Essigauswahl (Rotwein-, Weißwein oder Obstessig) auf Qualität zu achten.
Kräuteressig und Kräuteröl bewahrt man gut verschlossen, kühl und dunkel auf. Kräuteröl ist nur 2–3 Monate, Kräuteressig dagegen etwa 1 Jahr haltbar.

Dost-Kräuteröl

750 ml Olivenöl,
1 Handvoll Dostblätter und -blüten

1 Dostblätter und -blüten waschen, behutsam trockentupfen, völlig trocken in ein Schraubdeckelglas oder eine Flasche geben und mit dem Öl übergießen.

2 Gefäß verschließen und bei Raumtemperatur, jedoch nicht in praller Sonne, stehen lassen. Täglich schütteln.

3 Öl nach 2–3 Wochen abfiltern.

Tipp: Auch aus anderen Wildkräutern wie beispielsweise den für Essigbereitung angeführten lässt sich Aromaöl bereiten.

Veilchenblüten-Essig

1 Handvoll Märzveilchenblüten
½ l Weißweinessig

1 Veilchenblüten waschen, behutsam trockentupfen und ohne grüne Teile in ein Schraubdeckelglas oder eine Flasche geben.

2 Blüten mit dem Essig übergießen, Gefäß verschließen und an ein sonniges Fenster stellen. Täglich schütteln.

3 Essig nach 2–3 Wochen abfiltern. Dieser helllilafarbene Veilchenessig ist mit seinem dezenten Aroma insbesondere für zart schmeckende Salate geeignet.

Tipp: Auch mit Rosenblütenblättern, Holunderblütendolden oder Schlüsselblumenblüten, aus Früchten wie Berberitzen, Himbeeren oder Schlehen sowie aus Kräutern (z. B. Bärlauch, Beifuß, Dost, Gundermann, Knoblauchsrauke, Schafgarbe, Taubnessel, Wiesenknopf) lässt sich Aromaessig für Salate und Saucen bereiten.

Würziges und Dekoratives aus Wildpflanzen

Auch Pflanzenteile kann man mit Hilfe von Essig, Öl und Zucker für eine gewisse Zeit konservieren. Auf diese Weise lässt sich aus Wildpflanzen ein kleiner Vorrat an Würz- und essbaren Dekorationsmitteln herstellen, die vielseitig einsetzbar sind.

Falsche Kapern (mit Gänseblümchen-Blütenknospen)

Gänseblümchen-Blütenknospen
Weißweinessig
Salz
Pfefferkörner nach Belieben

1 Blütenknospen über Nacht in Salzwasser legen. Am nächsten Tag auf Küchenpapier legen und vorsichtig trockentupfen.

2 Blütenknospen in siedendes Wasser geben und dieses einige Male aufwallen lassen. Blütenknospen abtropfen lassen.

3 Blütenknospen in ein kleines Schraubdeckelglas schichten, nach Belieben auch zusammen mit Pfefferkörnern. Mit abgekochtem und abgekühltem Weißweinessig auffüllen, Glas verschließen.

4 Nach 2–3 Tagen Essig abgießen, aufkochen, abkühlen lassen und erneut über die Kapern schütten. Kapern müssen vollständig von Essig bedeckt sein. Glas verschließen und vor der Verwendung die Kapern 3–4 Wochen im Kühlschrank durchziehen lassen.

Achtung! Bei den früher geschätzten »Kapern« aus den Blütenknospen des Scharbockskrauts (s. Abb. unten) wird heute zur Vorsicht und allenfalls zur Verwendung kleiner Mengen geraten, weil sich mit dem Beginn der Blütezeit Giftstoffe in der Pflanze anreichern. Abzuraten ist von »Deutschen Kapern« aus den Blütenknospen der giftigen Sumpfdotterblume.

Tipp: Geeignet für diese Zubereitung sind auch Blütenknospen von Löwenzahn oder Wiesenbocksbart.

Wildkräuter-Paste

50 g frische Kräuter (zum Beispiel Blätter von Bärlauch, Dost, Giersch, Knoblauchsrauke)
½ TL Salz
Zitronensaft
Pfeffer
50 ml Olivenöl

1 Kräuter waschen, auf Küchenkrepp völlig trocknen lassen, sehr fein hacken oder wiegen, in einer Schüssel mit Salz, etwas Zitronensaft und Pfeffer vermischen, das Öl sorgfältig unterrühren.

2 Mischung in ein Schraubdeckelglas füllen, mit einem Teelöffel etwas zusammendrücken. Die Paste muss vollständig von Öl bedeckt sein (eventuell noch etwas Öl zugeben), da es andernfalls leicht zu Schimmelbildung kommen kann.

3 Glas gut verschließen und im Kühlschrank aufbewahren. Nach jeder Entnahme etwas Öl nachfüllen, sodass die Paste immer vollständig von Öl bedeckt ist.

Die Kräuterpaste hält sich im Kühlschrank mehrere Wochen. Man würzt damit Salatsaucen, Suppen, Nudel-, Kartoffel- und Reisgerichte.

Kandierte Wildrosenblüten

Blütenblätter duftender Wildrosen
125 g Zucker
50 ml Wasser

1 Zucker und Wasser zu einer Zuckerlösung kochen. Lösung abkühlen lassen, bis sie nur noch lauwarm ist.

2 Mit Hilfe einer Pinzette vorsichtig die Blütenblätter in die Lösung tauchen, abtropfen lassen und auf Alufolie legen.

3 Am nächsten Tag Blütenblätter umwenden, auf ein sauberes Stück Alufolie legen und mindestens 1 weiteren Tag trocknen lassen.

Tipp: Auch andere dekorative Blüten, Blütenblätter oder Blütenköpfchen – etwa von Gänseblümchen, Märzveilchen, Schlüsselblume, Wilder Malve – können so kandiert werden.

Nostalgisch wirken Desserts mit kandierten Märzveilchenblüten (links) oder kandierten Rosenblütenblättern.

Sammelkalender

■ = Blüten, Blütenknospen, Blütenköpfe; ■ = Blätter;
■ = junge Sprosse, Sprossspitzen, Stängel; ■ = Früchte, Samen;
■ = Kraut (oberirdische Teile der Pflanze); ■ = Wurzel

Bitte beachten Sie, dass die Sammelzeiten in verschiedenen Gegenden und Jahren deutlich variieren können.

Pflanze	S.	Jan.	Feb.	März	Apr.	Mai	Juni	Juli	Aug.	Sep.	Okt.	Nov.	Dez.
Apfelbaum, Wilder	35									■	■		
Bachbunge	101			■	■ ■	■ ■	■	■					
Barbarakraut, Echtes	96	■	■	■	■								■
Bärlauch	114			■	■								
Beifuß, Echter	68						■	■	■				
Beinwell, Gewöhnlicher	98			■	■	■ ■	■ ■	■ ■	■ ■				
Berberitze	25								■	■	■		
Braunelle, Kleine	88				■ ■	■							
Brennnessel, Große	52				■ ■	■ ■	■						
Brombeere, Echte	33				■	■	■	■	■	■			
Brunnenkresse, Echte	97	■ ■	■ ■	■ ■	■ ■	■				■ ■	■ ■	■ ■	■ ■
Dost, Gewöhnlicher	112						■ ■	■ ■ ■	■ ■ ■	■ ■			
Eberesche	36								■	■	■		

Sammelkalender

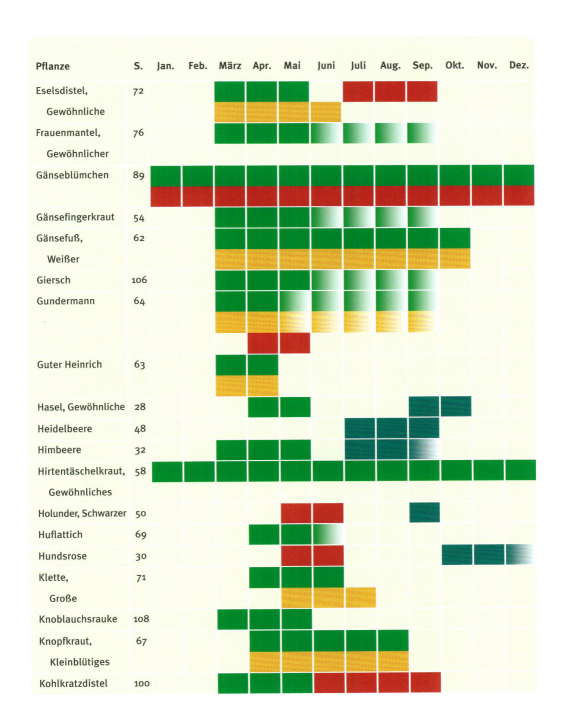

SAMMELKALENDER

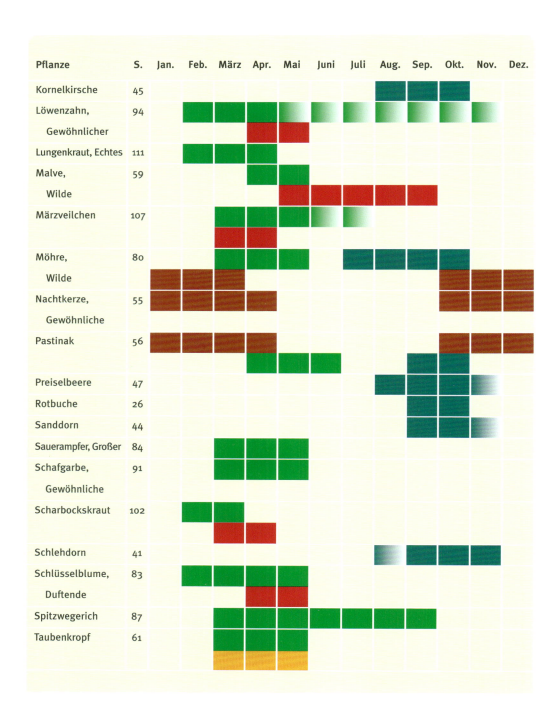

Sammelkalender

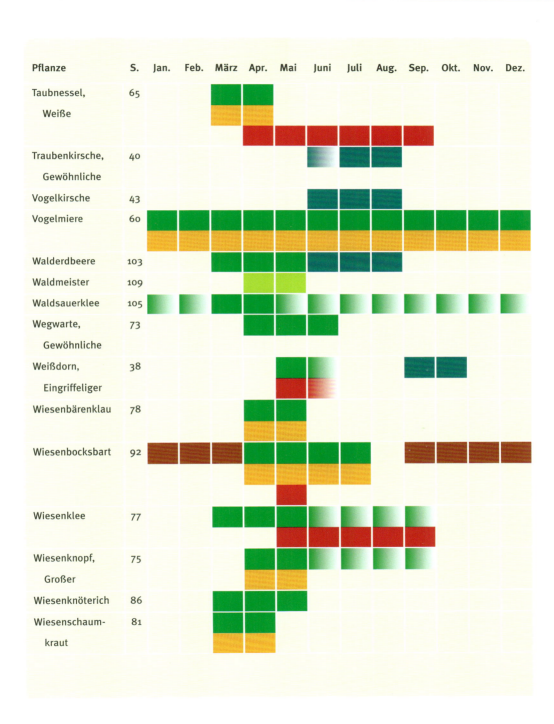

Literatur

ALTMANN, HORST (7. Aufl., 2009):
Giftpflanzen, Gifttiere. BLV Buchverlag, München.

BOCKSCH, MANFRED (5. Aufl. 2007):
Das praktische Buch der Heilpflanzen. Kennzeichen, Heilwirkung, Anwendung, Brauchtum. BLV Buchverlag, München.

FLEISCHHAUER, GUIDO (5. Aufl. 2003):
Enzyklopädie der essbaren Wildpflanzen. AT Verlag, Aarau, München.

KLEMME, BRIGITTE und DIRK HOLTERMANN (2001):
Delikatessen am Wegesrand. Rau, Düsseldorf.

MARZELL, HEINRICH (3. Aufl. 1935):
Neues illustriertes Kräuterbuch. Enßlin & Laiblin, Reutlingen.

ROTH, LUTZ, MAX DAUNDERER und KURT KORMANN (4. Aufl. 1994):
Giftpflanzen – Pflanzengifte. Nikol Verlagsgesellschaft, Hamburg.

SCHAUER, THOMAS und CLAUS CASPARI (9. Aufl., 2004):
Der große BLV Pflanzenführer. BLV Buchverlag, München.

SCHMEIL-FITSCHEN (93. Aufl. 2006):
Flora von Deutschland und angrenzender Länder. Bearb. von Siegmund Seybold. Quelle & Meyer, Wiesbaden.

SCHMEIL-FITSCHEN INTERAKTIV (2001):
Die umfassende Bestimmungs- und Informationsdatenbank der Pflanzenwelt Deutschlands und angrenzender Länder. Hrsg. von Siegmund Seybold. Quelle & Meyer, Wiebelsheim.

SCHOENICHEN, WALTHER (1947):
Aus Wald und Feld den Tisch bestellt. Linde, Berlin, Bielefeld.

Hinweis
Die Bestimmungshinweise, Ratschläge, Rezepte und Anleitungen beruhen auf langjährigen Erfahrungen der Autorin, wurden sorgfältig geprüft und entsprechen dem neuesten wissenschaftlichem Kenntnisstand. Wer Kräuter und Früchte sammelt, zubereitet und verzehrt, handelt jedoch auf eigene Verantwortung, da Autorin und Verlag weder die Sammelgewohnheiten des Einzelnen noch etwaige individuelle Unverträglichkeiten kennen können. Beim Bestimmen sollten stets alle aufgezählten Merkmale sowie insbesondere die Warnhinweise beachtet werden.

Stichwortverzeichnis

Seitenzahlen mit * verweisen auf Abbildungen.

Achillea millefolium 74, 91
Ackergauchheil 60
Ackerschöterich 97
Aegopodium podagraria 106
Aethusa cynapium 79, 81
Alchemilla vulgaris 76
Alliaria petiolata 74, 108
Allium ursinum 114
Anagallis arvensis 60
Arctium lappa 71
Arctostaphylos uva-ursi 47
Artemisia absinthium 69
Artemisia vulgaris 68

Bachbunge 13, 101*, 123, 125
Bachehrenpreis 101
Barbarakraut 120
Barbarea vulgaris 74, 96
Bärlauch 8, 18, 114, 115*, 120, 123, 126, 127, 129, 132, 147, 149
Bastardgänsefuß 62
Behaartes Knopfkraut 67
Beifuß 119, 120
Beinwell 16, 120, 128, 132
Bellis perennis 89
Berberis vulgaris 25
Berberitze 25*, 26*, 120, 146, 147
Bitteres Schaumkraut 98
Bittersüßer Nachtschatten 26
Blaubeere 48
Blutroter Hartriegel 46
Breitwegerich 87
Brennnessel 8, 9, 10, 15, 118, 119, 120, 125, 127, 129, 130, 132, 133
Brombeere 16, 21, 32, 120, 137, 138, 141, 142, 144, 145, 146

Brunnenkresse 9, 13, 120, 122, 123
Buchecker 26, 27*

Capsella bursa-pastoris 58
Cardamine amara 98
Cardamine pratensis 81
Carduus nutans 72
Chenopodium album 62
Chenopodium bonus-henricus 63
Chenopodium hybridum 62
Chenopodium murale 62
Chenopodium vulvaria 62
Cichorium intybus 73
Cicuta virosa 79, 81
Cirsium oleraceum 100
Cirsium vulgare 72
Conium macaulatum 79, 81
Cornus mas 45
Cornus sanguinea 46
Corylus avellana 28
Crataegus laevigata 39
Crataegus monogyna 38

Daucus carota 74, 80, 81
Digitalis purpurea 99
Dirlitze 45
Dost 119, 120, 123, 147, 149
Duftende Schlüsselblume 83*

Eberesche 36*, 120, 137, 141, 143
Echte Brombeere 33*
Echte Brunnenkresse 97
Echte Schlüsselblume 15, 97
Echter Beifuß 68*
Echtes Barbarakraut 74, 96*
Echtes Lungenkraut 111*
Eingriffeliger Weißdorn 38*
Elsbeere 37

STICHWORTVERZEICHNIS

Empetrum nigrum   49
Erdbeere   21, 32, 142
Erysimum cheiranthoides   97

Fagus sylvatica   26
Faulbaum   41
Fingerhut   99
Fragaria vesca   103
Frangula alnus   41
Franzosenkraut   67*
Frauenmantel   131, 134

Galinsoga ciliata   67
Galinsoga parviflora   67
Galium odoratum   109
Gänseblümchen   15, 89*, 120, 123, 125, 148, 149
Gänsefingerkraut   54*, 123, 125
Gartenmöhre   81
Gefleckte Taubnessel   66
Gefleckter Schierling   79, 81
Geißfuß   106
Gelber Hartriegel   45
Gewöhnliche Eselsdistel   72*
Gewöhnliche Hasel   28*
Gewöhnliche Nachtkerze   55*
Gewöhnliche Pestwurz   70
Gewöhnliche Schafgarbe   74, 91
Gewöhnliche Traubenkirsche   40*, 120
Gewöhnliche Wegwarte   73*
Gewöhnlicher Beinwell   98, 99*
Gewöhnlicher Bocksdorn   26
Gewöhnlicher Dost   112*
Gewöhnlicher Frauenmantel   76*
Gewöhnlicher Kreuzdorn   41
Gewöhnlicher Liguster   41
Gewöhnlicher Löwenzahn   94*
Gewöhnlicher Sauerdorn   25
Gewöhnliches Hirtentäschelkraut   58*
Giersch   15, 106*, 107, 120, 123, 125, 129, 132, 133, 134, 149

Glechoma hederacea   64
Großblütige Braunelle   89
Große Brennnessel   52*, 115
Große Klette   71*
Großer Sauerampfer   84, 85*
Großer Wegerich   87
Großer Wiesenknopf   75*, 120, 122
Gründonnerstagssuppe   9
Gundelrebe   9, 64*
Gundermann   9*, 64*, 120, 123, 124, 125, 131, 147
Guter Heinrich   16, 62, 63*, 120, 128

Hagebutte   9, 30, 31, 119, 137, 138, 142, 143, 144, 146
Haselnuss   28, 29*, 134, 136, 138, 146
Heckenrose   31, 48*, 119, 137, 138, 141, 142, 146
Heracleum mantegazzianum   79
Heracleum sphondylium   78
Herkulesstaude   79
Herlitze   45
Himbeere   10, 16, 21, 32*, 120, 137, 138, 140, 141, 142, 144, 145, 146, 147
Hippophae rhamnoides   44
Hirtentäschel   123, 134
Hohe Schlüsselblume   15, 84
Holunder   8, 140, 145, 146, 147
Holzapfel   21, 35*, 142
Hopfen   9
Huflattich   8, 15, 69, 70*
Hundspetersilie   79, 81
Hundsrose   8, 30, 31*, 120, 134, 140

Immergrüne Bärentraube   47

Käsepappel   59
Kleinblütiges Knopfkraut   15, 67*
Kleine Braunelle   88, 89*
Kleine Brennnessel   53*
Kleiner Sauerampfer   85

Kleiner Wiesenknopf 75
Kleinfrüchtige Moosbeere 47
Klette 128
Knoblauchsrauke 74, 108, 118, 123, 147, 149
Knopfkraut 125, 130
Kohlkratzdistel 100
Kornelkirsche 45*, 142, 143
Kratzbeere 34

Lamium album 65
Lamium maculatum 66
Lanzett-Kratzdistel 72
Ligustrum vulgare 41
Löwenzahn 8, 9, 15, 93, 120, 122, 123, 127, 128, 132, 140, 148
Löwenzahnkapern 148
Löwenzahnsirup 95
Lungenkraut 16, 132
Lycium barbarum 26

Malus sylvestris 35
Malva neglecta 59
Malva sylvestris 59
Märzveilchen 10, 15, 107, 120, 121, 123, 135, 147, 149
Maßliebchen 90
Mauergänsefuß 62
Mehlbeere 37
Mittlerer Wegerich 9, 87, 88*

Nachtkerze 16, 128
Nasturtium officinale 97
Nickende Distel 72

Oenothera biennis 55
Onopordum arcanthium 72
Oregano 112*
Origanum vulgare 112
Oxalis acetosella 105

Pastinaca sativa 56
Pastinak 56*, 119, 120, 128
Petasites hybridus 70
Pimpinelle 75
Plantago lanceolata 87
Plantago major 87
Polygonum bistorta 86
Potentilla anserina 54
Preiselbeere 47*, 138, 146
Primula elatior 84
Primula veris 83
Prunella grandiflora 89
Prunella vulgaris 88
Prunus avium ssp. *avium* 43
Prunus padus 40
Prunus serotina 40
Prunus spinosa 41
Pulmonaria officinalis 111
Pyrus pyraster 35

Ranunculus ficaria 102
Rauschbeere 48
Rhamnus cathartica 41
Riesenbärenklau 79*
Rosa canina 30
Rosa corymbifera 31
Rose 147
Rosspappel 59
Rotbuche 26*
Roter Fingerhut 99
Roter Holunder 51*
Rotklee 9, 77
Rubus caesius 34
Rubus fruticosus 33
Rubus idaeus 32
Rumex acetosa 84
Rumex acetosella 85

Sambucus nigra 50
Sambucus racemosa 51
Sanddorn 16, 44*, 120, 146

STICHWORTVERZEICHNIS

Sanguisorba minor   75
Sanguisorba officinalis   75
Sauerampfer   9, 13, 16, 120, 123, 125, 134
Sauerklee   9, 125
Schafgarbe   9, 15, 120, 123, 125, 130, 131, 147
Scharbockskraut   10, 102*, 148
Schlangenknöterich   86*
Schlehdorn   41, 120, 137
Schlehe   9, 14, 118, 120, 139, 142, 143, 146, 147
Schlüsselblume   14, 120, 121, 135, 147, 149
Schwarzbeere   48
Schwarzdorn   41
Schwarze Krähenbeere   49
Schwarzer Holunder   16, 50*, 135, 140, 145, 146
Silene vulgaris   61
Solanum dulcamara   26
Sorbus aria   37
Sorbus aucuparia   36
Sorbus domestica   37
Sorbus torminalis   37
Spätblühende Traubenkirsche   40*, 120
Speierling   37
Spitzwegerich   8, 15, 87*, 120, 125, 129, 130, 133, 134
Stinkender Gänsefuß   62
Süßkirsche   43
Symphytum oficinale   98

Taraxacum officinale   94
Taubenkropf-Leimkraut   61*
Taubnessel   127, 147
Tragopogon pratensis   92
Traubenholunder   51
Traubenkirsche   137, 141, 142
Trifolium pratense   77
Tussilago farfara   69

Urtica dioica   52
Urtica urens   53

Vaccinium myrtilus   48
Vaccinium oxycoccos   47
Vaccinium vitis-idaea   47
Vaccinium uliginosum   48
Veilchen   9, 20, 140, 147
Veronica beccabunga   101
Viola odorata   107
Vogel-Sternmiere   60
Vogelbeerbaum   36*
Vogelkirsche   43*, 120, 142, 143
Vogelmiere   60*, 120, 123, 125, 127, 130, 134

Walderdbeere   103*, 120, 137, 144, 145
Waldmeister   9, 109*, 145
Waldsauerklee   105*, 120, 123, 134
Wasserschierling   79, 81
Wegerich   9
Wegmalve   9, 59
Wegwarte   123, 128
Weißdorn   21, 38*, 39*, 119, 120, 137, 143, 144
Weiße Taubnessel   65*, 120, 121, 132
Weißer Gänsefuß   15, 16, 62*, 120, 125, 130
Wermut   69
Wiesenbärenklau   78*, 120
Wiesenbocksbart   9, 92, 93*, 128
Wiesenklee   9, 77*, 125
Wiesenknopf   123, 147
Wiesenknöterich   9, 86*, 120, 125, 130
Wiesenschaumkraut   81*, 120, 122, 123, 134
Wiesenschlüsselblume   83
Wildapfel   141
Wilde Malve   9, 16, 59*, 120, 125, 149
Wilde Möhre   10, 74, 80*, 119, 120, 128
Wilder Apfelbaum   35, 120
Wildkirsche   43, 137
Wildrose   31, 134, 149
Winterkresse   96
Wohlriechendes Veilchen   107
Wurzelzichorie   73

Zweigriffeliger Weißdorn   39

Über die Autorin

Dr. Gertrud Scherf, geboren 1947 in Berchtesgaden, war Grund- und Hauptschullehrerin sowie Wissenschaftliche Mitarbeiterin am Institut für die Didaktik der Biologie der Universität München. Als Sachbuchautorin insbesondere in den Bereichen Natur und Garten lebt und arbeitet sie seit vielen Jahren in Osterhofen-Galgweis. Ein großer Garten und die artenreichen Vilsauen bieten ihr Anregungen und Möglichkeiten zum Beobachten und Ausprobieren. Die kulturgeschichtlichen Aspekte der Themen, die vielfältigen Verbindungen zwischen Natur und Kultur sowie der Naturschutz sind der Autorin besonders wichtig, und sie verdeutlicht dies in ihren Büchern und Artikeln, bei Vorträgen, Seminaren und Führungen.

Bildnachweis

Altmann: 80u; Eisenbeiss: 26, 51u, 70l; Linke R./Blickwinkel: 22/23; Pforr: 27u, 29, 30, 31, 32, 33, 34, 36 beide, 40, 42u, 47, 49, 50, 54, 55u, 57 beide, 72, 76, 78, 80o, 82, 85, 87, 88, 93u, 113; Pott: 5, 270, 38, 39, 48, 510, 83, 890, 930, 100; Redeleit: 16; Reinhard: 1, 2/3, 4, 11, 35, 37, 52, 53, 550, 58, 59, 60, 61, 62, 63, 65, 67, 68, 70r, 73, 99, 101, 102, 104, 105, 109, 110, 1150, 115ur, 121, 147; Sammer: 142; Scherf: 6/7, 12, 15, 420, 66, 71, 74, 75, 91, 115ul, 118, 122, 124, 125, 126, 128, 129, 130, 131, 132, 133, 134, 135, 136, 137, 139, 140, 142, 143, 145, 148, 149; Seidl: 25, 44, 64, 77, 79, 81, 86, 89u, 94; Stockfood.com/Krieg R.: 116/117; Willner: 28, 41, 43, 460, 96, 108; Wothe: 98, 106; Zeininger: 45, 46u, 111
Abb. S. 9 aus: Lonicerus, Adamus (1679): Kreuterbuch, Reprint Grünwald b. München: Konrad Kölbl (1962)
Grafiken: Susanne Schneider und Jörg Mair

Bibliografische Information
Der Deutschen Nationalbibliothek
Die Deutsche Nationalbibliothek verzeichnet diese Publikation in der Deutschen Nationalbibliografie; detaillierte bibliografische Daten sind im Internet, über http://dnb.d-nb.de abrufbar.

BLV Buchverlag GmbH & Co. KG
80797 München

5., durchgesehene Auflage

© 2010 BLV Buchverlag GmbH & Co. KG, München

Das Werk einschließlich aller seiner Teile ist urheberrechtlich geschützt. Jede Verwertung außerhalb der engen Grenzen des Urheberrechtsgesetzes ist ohne Zustimmung des Verlags unzulässig und strafbar. Das gilt insbesondere für Vervielfältigungen, Übersetzungen, Mikroverfilmungen und die Einspeicherung und Verarbeitung in elektronischen Systemen.

Umschlagfotos: Bernhard Winkelmann/Stockfood (Vorderseite); Sammer (Rückseite)

Lektorat: Dr. Friedrich Kögel
Redaktion: Wolfgang Funke, Augsburg
Herstellung: Ruth Bost
Satz: Uhl + Massopust, Aalen

Gedruckt auf chlorfrei gebleichtem Papier

Printed in Germany · ISBN 978-3-8354-0533-2

Noch mehr Köstlichkeiten frisch aus der Natur

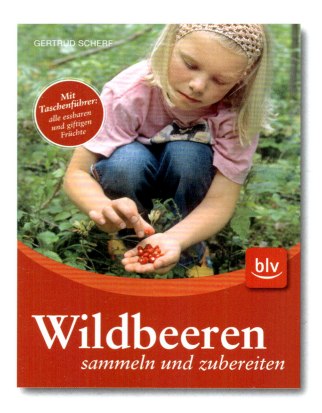

Gertrud Scherf
Wildbeeren sammeln und zubereiten
Beim Sammeln auf Nummer sicher gehen: das erste Wildbeeren-Buch, in dem auch alle giftigen Doppelgänger abgebildet sind · Mit beigelegtem Taschenführer: alle essbaren und giftigen Früchte · Köstliche Rezepte – von Hauptgerichten über Kuchen bis zu Getränken.
ISBN 978-3-8354-0357-4

Bücher fürs Leben.